世界能源展望 2060

中国石化集团经济技术研究院有限公司
中国石化咨询有限责任公司
编著

中国经济出版社
中国石化出版社
·北京·

内 容 提 要

本书通过建立研究全球能源转型问题的综合评估模型，深入分析各类能源的发展趋势和潜力，重点对全球及各区域能源发展进行了中长期情景分析，并介绍了能源转型所需重点关注的新兴领域与实现能源转型的综合效益。

本书适合能源产业相关从业者及关注能源转型、碳减排等主题的读者。

图书在版编目（CIP）数据

世界能源展望 . 2060 / 中国石化集团经济技术研究院有限公司，中国石化咨询有限责任公司编著 . -- 北京 : 中国石化出版社，2024. 12.

ISBN 978-7-5114-7748-4

Ⅰ. F416.2

中国国家版本馆 CIP 数据核字第 2024DP3628 号

中国石化出版社出版发行

地址：北京市东城区安定门外大街58号

邮编：100011　电话：（010）57512500

发行部电话：（010）57512575

http：//www. sinopec-press. com

E-mail：press@ sinopec. com

北京科信印刷有限公司印刷

全国各地新华书店经销

·

787 毫米 ×1092 毫米　16 开本　12.25 印张　106 千字

2024 年 12 月第 1 版　2024 年 12 月第 1 次印刷

定价：298.00 元

《世界能源展望2060》

编写委员会

主　　任： 马永生　赵　东

副 主 任： 戴照明　顾松园

委　　员： 罗大清　李　志　王　佩

指导专家： 张玉清　姜培学　李　阳　周大地　吕文斌
徐华清　安丰全　张希良　杨　雷

主　　编： 罗大清　刘潇潇　谭　新

编写组成员： 谭　新　刘潇潇　王　盼　蒋　珊　郑步高
程　诺　马　莉　陈　前　夏铭淇　崔　宇
曹　勇　乞孟迪　管　聪　刘玥茜

序

在人类文明的发展长河中，能源始终扮演着至关重要的角色。它不仅是推动社会进步和经济发展的动力，也是塑造人类生存环境和生活方式的关键因素。从最初火的使用，到蒸汽机的发明，再到现代石油、电力的发展，每一次能源变革都伴随着社会的巨大进步。但随着能源消耗的增加，我们也面临着资源短缺、环境污染等一系列挑战。特别是21世纪以来，随着全球极端天气频发，气候变化问题更加引起广泛关注，加之近年来地缘政治冲突博弈、新冠疫情等因素影响，导致能源供需失衡及价格高企震荡，令能源供应议题再度成为关注焦点。必须重新审视当前的能源开发和使用方式，寻找更加可持续的能源解决方案。

当前，全球已经形成能源绿色低碳发展的广泛共识。自2016年《巴黎协定》正式实施以来，各国加速推动能源绿色低碳转型，超过150个国家和地区提出了碳中和目标，特别是中国“双碳”战略、欧盟“绿色协议”、美国“未来清洁法案”、二十国集团（G20）“新德里峰会宣言”等相继出台或通过，为全球应对气候变化增添了关键动力。然而，按照当前各国的国家自主贡献（NDC）减排承诺，距离《巴黎协定》提出的本世纪末温控目标仍有相当大差距，一旦全球温升超过

《巴黎协定》确定的温控阈值，气候灾害对自然系统和人类社会的灾难性影响将大大增加。因此，各国仍需在现有基础上进一步加大能源转型和碳减排力度。

我在能源气候及相关领域工作数十年，亲身经历了多次国际气候谈判与协议的签署，也深度参与了多项气候变化与能源转型研究工作，深知应对气候变化和能源转型并非易事，不仅需要技术创新、政策支持、市场激励，更需要世界各国团结一致，形成紧密的国际合作，并推动社会公众的广泛参与。此外，应对气候变化和能源转型还涉及能源安全、经济发展和社会公平等多方面问题。例如，在推动应对气候变化和能源转型进程中，如何科学统筹减碳与发展的协同关系，如何准确适度把握传统高碳能源的“破”与绿色低碳新能源的“立”，如何与时俱进公平区分和平衡不同地区、不同国家特别是发达国家与发展中国家之间的减排义务和责任，等等。这些问题，都需要深入研究、科学回答。

中国石化集团经济技术研究院有限公司（中国石化咨询有限责任公司）编著的《世界能源展望2060》，从全球经济社会发展、技术进步、资源禀赋等与能源供给消费关系的底层逻辑分析出发，聚焦全球及各地区中长期能源消费总量与结构展望，开展了扎实深入的规律剖析、趋势研判、模型搭建、情景分析等工作，并与全球气候目标进行了比对分析，针对能源转型发展路径这一重大课题，提出了富有启发性、前瞻性与建设性的独到观点。本书基于综合能源评估模型，对全球能源转型路径进行了全局优化分析，提出全球未来可能存在均衡转型、加速净零两种情景，在此基础上分别对能源消费总量与结构、碳排放、各品种能源、各终端部门的中长期转型发展情况进行了全面系统的分析和展望。更难能可贵的是，本书采用“自上而下”和“自下而上”相结合的方法，将地球气候系统变化、人类经济社会演进和微观生产活动进行了有机统一，全面分析了技术、资源、政策、突发事件与能源转型发展的相互关系，并进行了严谨深入的分析论证，回答了碳减排节奏快慢、各品种能源定位、能源转型潜力等诸多问题，颇具理论研究价值和实践参考意义。

展望未来，随着技术持续进步和全球合作不断加强，我们有理由相信，能源发展的未来将更加光明。可再生能源将加快成为主流，化石能源成功实现转型利用，能源效率将显著提高，能源供应将更加稳定和安全。当然，这需要我们全人类的共同努力，包括政府、企业、研究机构和公众。而在此过程中，世界能源展望的研究工作亦需持续深入开展，为政府、企业、机构等制定政策和战略提供重要参考。期待中国石化集团经济技术研究院有限公司（中国石化咨询有限责任公司）持续深入研究全球能源发展大势与转型路径，不断形成前沿的、扎实的研究成果，激发更广泛的能源转型的深入讨论和务实行动，为实现全球经济社会可持续发展做出新贡献。

2024年11月

写在前面的话

能源，作为支撑现代经济社会发展的血液，其供应的稳定性、价格的合理性、环境的可持续性，成为国际社会普遍关注的核心议题之一。随着全球人口、经济的不断增长，以及气候环境问题的日益严峻，全球能源供需面临着前所未有的挑战，转型发展势在必行。但能源转型是涉及经济、社会、环境等多个维度、多个层面的系统工程，不仅关乎能源供应和消费方式的转变，还涉及能源科技、政策制定和市场构建等方面，更需要世界各国的全局统筹与紧密合作。总体而言，这是一个全球大变局时代下的复杂问题，需要能源活动的参与者携手应对、付诸行动，更需要研判未来世界能源发展走向的瞭望领航，用更加全面、更为深远的视角，帮助我们审视和把握全球能源发展大势，提供科学、正确、及时的决策参考与行动指南，确保我们在转型道路上蹄疾步稳。

中国石化作为国有重要骨干企业，始终将推动绿色发展的社会责任扛在肩上，致力于打造世界领先洁净能源化工公司，引领石化产业向绿色低碳、智慧高效、多元共生的高质量发展方向迈进。经济技术研究院作为中国石化智库机构，2022年首次公开发布《中国能源展望2060》以来，每年更新发布能源展望系列报告，以成熟扎实的能源展望模型与研究体系为基础，推动形成中国石化在中长期能源分析与展望领域的旗舰报告，其成果为中国石化乃至能源行业谋划和推动高质量发展提供了重要参考，在业界获得广泛关注。此次，经济技术研究院组建跨学科团队，在既有基础上不断拓展能源展望研究体系，从更加全面、宏观的视野出发，放眼全球能源转型这一重要领域，编撰形成《世界能源展望2060》。该书不仅是经济技术研究院在能源展望模型及研究方法体系上的拓展与完善，也是该院多年来在油气、可再生能源、氢能、碳捕集等多个领域研究成果的再次集中呈现，更展现了中国石化持续走向国际、为全球绿色低碳转型贡献力量的使命与担当。

《世界能源展望2060》研判了全球能源未来发展方向和格局图景，可再生能源成为能源供应的主力，氢能等清洁燃料技术取得突破性进展，石油、天然气等传统能源实现绿色低碳转型，共同构建起一个低碳、高效、安全、可持续的能源体系。该书还深入分析了当前发展趋势与未来展望愿景之间的差距，提醒我们仅延续当前的发展路线远远不够，亟需在多方面多领域付出更大努力，才能迈上实现碳中和乃至人类可持续发展之路。在全球能源转型的重要阶段，期待该书能够激发更多有识之士的思考与行动，共同推动全球能源体系向更加完善、更加巩固、更加美好的未来迈进。中国石化愿与各界同仁一道，在这条充满挑战与希望的转型之路上，共同书写人类能源高质量可持续发展新篇章。

中国石油化工集团有限公司

2024年11月

前言

在历史的洪流中，能源作为社会发展的核心动力，始终承载着人类文明进步的重任。随着全球经济社会发展，能源需求持续增长，能源结构也在经历着前所未有的变革。面对这一复杂多变的局面，需要更加深入地了解全球能源的发展历史、现状，剖析其发展的底层逻辑、趋势走向与问题挑战，以科学的视角和前瞻性的思维，为未来的能源发展绘制前行路径与清晰蓝图。

面对未来能源发展和转型路径这一复杂问题，中国石化集团经济技术研究院有限公司（中国石化咨询有限责任公司）经过深入建模与分析研究，于2022年撰写出版了《中国能源展望2060》一书。此次在已有研究成果的基础上，着眼全球能源转型问题，深化拓展研究形成《世界能源展望2060》（以下称作本书），旨在全面审视全球能源领域的最新动态，从能源的生产、消费、技术、产业等多个维度出发，对全球能源系统发展进行深度剖析，深入分析各类能源的发展趋势和潜力，探讨未来能源结构的演变路径，并与《中国能源展望2060》相互衔接印证，以期为全球能源可持续发展贡献智库见解，为各国政府、企业、机构和公众提供有价值的参考，更为我国绿色低碳发展提供参考借鉴。本书将逐章从以下6个方面重点分析讨论未来能源发展演变情况。

一是论述能源转型路径研究的分析思路与方法。通过梳理回顾人类能源的发展历史，总结能源发展的规律和主要影响因素。本书在第1章研究搭建了全球能源发展路径的分析框架，系统性地将经济社会、资源分布、气候目标、产业技术等分析模块纳入考量，构建了分析未来能源发展优化路径的方法学。

二是关注当前各国能源发展形势及能源政策。当前应对气候变化的形势日益严峻，能源转型已成为刻不容缓的任务，各国政府纷纷出台政策，推动可再生能源的发展及传统能源领域转型，以实现能源结构的优化和升级。本书第2章通过分析能源转型当前进程，盘点各国在能源政策上的最新动态和趋势，为分析未来能源发展和转型路径提供重要参考。

三是对全球能源发展进行中长期情景分析。本书第3章讨论当前至2060年全球经济社会发展、能源总量、能源结构及碳排放等相关展望结果。针对传统化石能源，重点分析其转型方向及实施路径，探讨通过何种技术、政策和市场机制等方式推动传统能源的清洁化、高效化利用。而对于太阳能、风能、水能等可再生能源，重点分析其发展优势、挑战及未来的发展规模，探讨其在全球能源结构中的角色定位和作用。此外，第3章还基于未来的经济、人口、城镇化率等相关展望结果，立足全球各地区的发展阶段和技术基础，重点分析了工业、交通、建筑部门的能源需求情况，研判未来终端能源消费总量和结构演变方向。

四是分析各区域能源发展路径。由于全球各地区、国家的发展阶段、资源禀赋、技术基础、治理体系存在差异，能源在各区域的发展路径不尽相同。本书第4章通过细化分析各地区的优化发展路径，分别讨论亚洲与太平洋地区、欧洲、非洲、北美洲、中南美洲五个区域的能源发展基础及未来演变方向，为各地区能源领域的战略、政策、投资与合作提供差异化的参考。

五是分析能源转型所需重点关注的新兴领域。实现全球能源转型，新兴技术、产业及市场机制不可或缺。本书第5章重点选择未来有望对转型发展产生较大推动作用的新兴领域，包括氢能，碳捕集、利用与封存，新型储能，碳排放权交易市场，通过梳理当前发展进程，分析未来的机遇和挑战，研判各领域在能源转型背景下的角色定位和发展路径。

六是评估实现能源转型的综合效益与福祉。以系统视角来看，实现能源转型对人类社会的作用贡献是多方面、多维度的，其中能源投资对经济与就业的拉动作用、二氧化碳及污染物的减排对气候环境的保护作用最为直接。本书第6章重点展望了未来能源投资总量与结构、就业岗位数量、实现气候目标避免的气候灾害损失，以及空气污染物减排量。

在撰写本书的过程中，我们力求保持客观、公正和科学的态度，为读者提供全面、准确和深入的情景分析与趋势研判。对于研究结果中可能存在的错误和不足，请各位读者批评指正。我们希望通过本书，能够增进公众对能源领域的了解和认识，推动全球能源的绿色低碳和经济安全转型，实现可持续发展。未来，我们将继续关注全球能源领域的最新动态和趋势，不断完善和更新本书的内容。我们相信，在全球各界的共同努力下，未来的能源发展将更加高效、经济和可持续。让我们携手共进，为构建更加美好的能源未来而努力！

《世界能源展望2060》研究组

2024年11月

目录

主要观点

全球能源发展与转型正处在可再生能源单一快速发展到与传统化石能源耦合协同的新阶段。当前全球可再生能源发展迅猛，但碳排放仍持续增长，主要原因之一是能源安全问题促使化石能源消费仍维持一定增速甚至短期内加速，能源的绿色低碳与安全稳定难以兼顾。若延续当前发展趋势，难以实现能源转型目标，亟须推动化石能源生产利用方式从粗放型到集约型转变，重点发挥其支撑可再生能源安全稳定运行的保障作用，实现两者的耦合协同与互补互济。未来随着能源转型朝这一方向迈进，能源消费增速将逐步放缓并实现达峰。煤炭、石油、天然气将发挥各自优势，实现作用定位的转变；太阳能、风能等可再生能源的持续增长得到有力支撑，其中储能将发挥至关重要的作用；氢能、碳捕集成为实现净零目标的重要支撑和有力补充，而碳市场的延伸覆盖将为这些新兴领域的发展提供重要市场激励。随着能源转型的深入推进与实现，转型带来的效益与福祉将逐步显现。主要观点列举如下：

1 **能源消费与碳排放创历史新高。**2023年世界一次能源消费量为222.4亿吨标准煤[1]，全球能源相关的二氧化碳排放量增长1.1%，达到374亿吨[2]的历史新高。

---

❶ 以发电煤耗法统计，下同。

❷ 统计能源活动相关的二氧化碳排放，含能源在工业过程中的非燃烧排放。

2 **各国提出国家自主贡献和长期温室气体低排放发展战略，但当前发展趋势与气候目标差距较大，实现1.5℃目标难度极大。**已宣布碳中和目标的国家或地区碳排放总量接近全球总量的90%，但按照当前各国最新的国家自主贡献（NDC）目标，到21世纪末全球气温将上升2.4℃以上，仍然难以实现《巴黎协定》确定的温控目标。从当前发展趋势看，大概率已经错过了实现1.5℃目标的最佳达峰窗口期，如果一定要实现1.5℃目标，只能采取更加极端的转型方式。

3 **全球经济规模持续扩大，但一段时间内增长速度大概率难以恢复至新冠疫情前的水平。**近中期[1]来看，全球经济发展面临很大的不确定性风险，预计增长速度将维持在年均3%左右的低位。远期来看，全球经济规模持续扩大，以2020年不变价计，预计全球GDP总量将在2030年前突破100万亿美元，到2060年展望期末，全球经济年均增速将降至2.5%左右甚至更低。

4 **人口规模持续增长，人口预期寿命进一步提升，而人口结构朝老龄化发展。**预计全球人口的总和生育率将持续下降，从2023年的2.3降至2040年的2.2左右，到2055年降至2.1的更低水平；全球人口预期寿命将从2023年的73.3岁增至2060年的78.3岁；全球总人口预计将于2030年增至85亿人、2040年增至92亿人、2060年达到100亿人。

5 **全球能源消费先升后降，整体朝清洁低碳方向发展。**能源消费增速逐步放缓，于2045年前达峰，峰值267.1亿吨标准煤，至

[1] 近期指代2030年前，近中期指代2030—2040年，远期指代2040年后，下同。

2060年下降至252.5亿吨标准煤。可再生能源占一次能源的比例从2023年的16.1%升至2030年的21.4%和2060年的51.8%。

6 **能源转型将推动终端能源利用效率提升和需求达峰后下降。**终端能源需求持续上升，于2040年进入达峰平台期，峰值约170.6亿吨标准煤，其后逐步下降，到2060年降至155.3亿吨标准煤。

7 **能源燃烧相关碳排放将在近中期达峰。**能源燃烧造成的二氧化碳排放于2030年左右达峰，峰值351.9亿吨左右[1]，随后呈下降趋势，到2060年降至107.6亿吨。

8 **煤炭消费于近期达峰，中期削减速度加快，远期实现近零。**煤炭消费总量将于2030年前达峰，峰值约59.3亿吨标准煤，2030年后呈明显下降趋势，远期2050年、2060年分别剩余约30.3亿吨标准煤、12.0亿吨标准煤。

9 **石油消费于近中期达峰，中远期逐步下降但仍保持一定规模。**石油消费总量将于2030年左右达峰，峰值约46.6亿吨。2030年后呈逐年下降趋势，2035年后下降趋势加快，到2060年降至27.1亿吨，主要原因是石油在交通领域的逐步削减及能源利用效率提升。

10 **天然气消费于中期达峰，远期主要应用于终端部门。**天然气消费总量将于2040年左右达峰，峰值约为4.5万亿立方米，到2060年降至约3.9万亿立方米，主要原因是天然气在发电领域的逐步削减及能源利用效率提升。

[1] 统计能源燃烧后形成的二氧化碳排放，不含非能源部门及能源在工业过程中的非燃烧排放，下同。

11 **太阳能发电量、风力发电量不断攀升，中远期成为主力电源。**到2030年，太阳能发电量、风力发电量分别达到3.9万亿千瓦·时、4.6万亿千瓦·时，分别占总发电量的9.9%和11.7%。到2060年太阳能发电量、风力发电量分别增至15.7万亿千瓦·时、18.0万亿千瓦·时，分别占总发电量的27.7%和31.7%。

12 **水力发电量、核能发电量稳步提升，但发电量占比在近中期呈下降趋势。**到2030年、2060年，水力发电量将分别达到5.2万亿千瓦·时、7.0万亿千瓦·时，核能发电量将分别达到3.2万亿千瓦·时、5.2万亿千瓦·时。水力发电量占比从2023年的15.1%左右下降至2030年的13.1%，中远期随着太阳能发电量、风力发电量增速下降，发电量占比维持稳定。核能发电量占比从2023年的9.3%左右减少至2030年的8.2%，中远期逐步回升。

13 **生物质能消费快速提升，结构同步调整。**到2030年、2060年，生物质能消费量将分别达到11.2亿吨标准煤[1]和17.1亿吨标准煤，更多生物质能经过精加工后使用。

14 **工业部门用电、用氢比例不断提升，化工原料用油支撑石油长期需求。**到2030年，工业部门电能、天然气消费量将分别达到16.6亿吨标准煤、12.3亿吨标准煤。中远期天然气消费量呈达峰后下降趋势，到2060年约为12.4亿吨标准煤。氢能消费量发挥重要替代作用，到2030年、2060年分别达到5.4亿吨标准煤、9.2亿

[1] 不含薪柴、秸秆等初级生物质能，下同。

吨标准煤。化工原材料领域用油需求使中远期石油仍保持一定消费量，到2060年工业部门石油消费保有约20.2亿吨标准煤。

15 **交通部门电能一定比例替代石油。**由于电能在陆路交通领域对石油的替代作用，两种能源消费量一升一降。到2030年、2060年电能消费量将分别提升至2.7亿吨标准煤、10.4亿吨标准煤，石油消费量将分别降至32.8亿吨标准煤和13.1亿吨标准煤。

16 **建筑部门电能、天然气逐步替代煤炭、石油。**到2030年、2060年，电能消费量将分别增长至18.6亿吨标准煤、24.2亿吨标准煤，分别占建筑部门能源消费总量的47.6%和53.7%。天然气消费量保持稳定增长，到2030年、2060年将分别达到11.1亿吨标准煤、16.1亿吨标准煤，占建筑部门能源消费总量的28.4%和35.7%。煤炭在近中期将逐步削减，石油未来也将逐步减少，到2060年展望期末基本净零。

17 **能源消费增长主要由发展中国家驱动，中南美洲清洁化发展最快。**发展中国家较多的亚洲与太平洋地区一次能源消费在近中期呈逐年上升趋势，于2040年左右达峰，峰值约155.6亿吨标准煤，到2060年降至137.6亿吨标准煤。非洲一次能源消费持续快速增长，2030年、2060年分别达到12.0亿吨标准煤、20.5亿吨标准煤。中南美洲到2030年、2060年可再生能源占一次能源比重分别增至39.7%、72.0%，居全球第一。

18 **发达国家能源需求总体已经饱和趋降，欧洲清洁化程度较高。**欧洲一次能源需求逐年下降，2030年、2060年一次能源消费分别为41.3亿吨标准煤、38.2亿吨标准煤。可再生能源消费快速增长，到2030年、2060年占一次能源比例将分别增至25.0%、58.0%。北美洲一次能源消费将于近中期进入达峰平台期，峰值约41.7亿吨标准煤，到2060年微降至41.3亿吨标准煤。

19 **氢气消费快速增长，能源用氢比例不断上升。**全球氢气消费规模将从2023年的9700万吨迅速增至2030年的1.4亿吨左右，并于2060年超过3.4亿吨。氢气消费中的能源用途占比将从当前的2%左右大幅增至2060年的接近50%。

20 **碳捕集、利用与封存（Carbon Capture, Utilization and Storage，CCUS）应用规模不断扩大，主要发展方向为地质封存（包含驱油封存）、化工利用等。**预计到2030年、2060年，全球CO_2捕集量分别为1.1亿吨、47.0亿吨。CO_2化工利用方面，目前全球利用潜力为每年1亿~2亿吨，预计未来有较大增长空间。

21 **全球储能成本将持续降低，装机容量将进一步增长。**预计到2030年大型两小时交钥匙储能项目的投资成本将从当前的276美元/（千瓦·时）降至162美元/（千瓦·时）。2030年新型储能装机容量将达136吉瓦，到2060年将增至约2327吉瓦。

22 **未来碳价将不断提升，各国差异明显，反映了各国减排目标、减排能力及减排成本的差异性。**以2020年不变价计，到2030年，以欧盟、美国、加拿大等为代表的发达国家和地区的碳价格高于发展中国家碳价格，其碳价分别为160美元/吨、75美元/吨和84美元/吨，而2030年中国碳价或可超过20美元/吨。

23 **能源转型拉动清洁能源投资占比不断扩大，化石能源投资达峰后下降。**以2020年不变价计，到2030年、2060年，能源投资分别达到3.5万亿美元、5.2万亿美元，其中到2030年清洁能源投资占比达到68.9%，到2060年进一步增至95.8%。化石能源投资于2030年前达峰，到2060年降至0.2万亿美元。

24 **能源转型将降低气候灾害损失，推动空气污染物等致病因子大幅减少。**实现能源转型，到21世纪末可累计避免经济损失127万亿~616万亿美元。预计到2060年可减少约927万吨能源相关细颗粒物排放，相较2023年水平减少59.7%。此外，到2060年能源相关的二氧化硫、氮氧化物也将分别减少4357万吨、4590万吨，相较2023年水平分别减排63.4%和43.1%。

第1章

能源发展的历史规律与分析方法

能源发展历史揭示了人类利用能源的种类、数量、方式等方面的变化规律，从中可以总结出能源发展与经济、社会、技术、资源、环境等因素的内在联系与作用机理。基于能源发展的影响因素与规律分析，能够创新构建能源发展的基本思路与分析框架，形成研究全球能源转型发展优化路径的综合分析方法。

1.1 世界能源发展历程

能源对人类文明发展起到了决定性的推动作用，从原始社会到现今高度发达的科技时代，能源的每一次变革都深刻影响着生产生活的各个方面，为人类社会的进步提供了源源不竭的动力。纵观历史，人类能源发展已经经历三个阶段，分别以薪柴、煤炭和石油为主导，三者相继推动人类从农业社会到成熟工业社会的发展进步。当前，人类正迈向更加清洁、多元、高效的未来能源时代。

1.1.1 漫长孕育的薪柴时代（170万年前至18世纪前半叶）

远古时期，人类祖先的进食方式为生吃，由于那时候的火主要是雷电、火山喷发等自然现象导致的山火，人们对火有着天生恐惧感和敬畏感。170万年前，猿人借来了自然力“火”，部分猿人发现靠近火可以获得温暖，从而维持体温抵御寒冷，还可以通过用火烤制食物获得更安全和丰富的能量来源，能源时代正式开启。后来，猿人开始利用木材向大自然“借火”拿回山洞存储，至约8万年前，智人研究出“钻木取火”等一系列主动“造火”的技能，意味着火这种自然力被人类初步掌握。

从此，以薪柴为主要能源的革命开始了，猿人有足够的能量来源抵御寒冷，开始从山洞迁徙出来，形成沿河居住的生活习惯。火还可以抵御野生动物的侵袭，并且因为有更安全、营养更丰富的食材加工方式，猿人寿命得以延长，种群开始得到大规模繁衍，最终进化成人类。此外，火被用于煅烧矿石、冶炼金属、制造工具，极大提升了当时人类的生存条件，社会不断进步。18世纪之前的漫长岁月，虽然在局部地区也有使用煤炭、天然气、地热等辅助生产的例子，但是因为没有技术突破解决能量的存储和运输问题，加上城镇化节奏缓慢，需求也没有被激发。薪柴作为最主要的能源，伴随了人类整个农耕时代，时至今日，薪柴依旧是全球不少国家和地区非常重要的能源来源。

1.1.2 爆发增长的煤炭时代（18世纪后半叶至19世纪末）

煤炭是几亿年前植物死亡后，被埋入地下深层，由于处于缺氧状态，再经过压实、失水、硬结等变化而导致碳含量的上升，从而形成相较薪柴燃烧热值更高的能源。薪柴的碳含量一般在50%以下，而煤炭的碳含量要远远高于薪柴，最初级的褐煤中的碳含量为65%~75%，烟煤的碳含量为75%~90%，无烟煤的碳含量高达90%~98%。

由于薪柴较低的能量密度已经无法满足人类的大规模机械化运作需要，煤炭开始被大规模勘探、开发和利用，成为主要的能源消费品种。到18世纪末，燃煤蒸汽机普遍替代其他动力，成为欧洲许多国家工业部门的主要动力来源。燃煤蒸汽机的发明和广泛使用，带来了第一次工业革命高峰，人们的生产和生活方式因此发生了巨大的变化，极大地推进了技术进步，促进了规模化经济的发展，大幅提高生产效率的同时也使商业投资更有效率。燃煤蒸汽机在纺织业的运用，提高了纺织业的效率和产量；燃煤蒸汽机在运输行业的运用，使载重上千吨的火车开始在大陆快速穿越，载重上万吨的轮船开始在大洋中横渡；燃煤蒸汽机在矿山开采中的运用，降低了矿工的劳动强度，并且可以昼夜不停，连续开采；燃煤蒸汽机在金属冶炼上的运用，使煤炭燃烧产生的能量带动大型鼓风机，实现了更高的加热温度，提高了金属冶炼的精度和纯度，扩大了金属的使用范围，开发出各种新型设备和器具；燃煤蒸汽机在机械制造上的运用，制造出更复杂、更精密的器械和工具，为近代工业的创建奠定了基础。

燃煤蒸汽机的使用，使人们从依靠人力、畜力等原始动力中解脱出来，实现了机械化大生产。伴随着燃煤蒸汽机在工业领域的广泛使用，近代的能源工业——煤炭工业，开始在世界范围广泛建立，从而带动了煤炭开采和利用的爆发式增长，煤炭成为19世纪以来人类使用的主要能源之一。1861年，英国的煤炭年产量就已经超过5000万吨，到2023年，世界煤炭产量达到91亿吨。但是，人类将大自然在地下储存积累了几千万年甚至上亿年的碳，在不到300年的时间就通过煤的燃烧以二氧化碳气体的形态释放到大气中，必然严重影响地球系统的碳循环，全球气候环境危机初步显现。

1.1.3 提质增效的石油时代（20世纪初至今）

随着生产的发展，燃煤蒸汽机的缺点显现出来。蒸汽机是外燃机，需要通过燃烧煤获得的能量加热水，再利用水蒸气的动力带动机械。所以，燃煤蒸汽机的使用，需要携带大量的煤炭和水，以及笨重而庞大的锅炉。由于不是直接燃烧能源带动机械而是利用水蒸气作为中间的能量载体，这种间接的能量传递效率很低，通常在10%以下。

于是人们开始思考直接通过燃烧产生能量，而不需要二次转化的高效率能量转化方法。实际上，在蒸汽机发明之前，人们已经开始尝试这种直接转化的想法。早在17世纪，荷兰物理学家惠更斯（Christiaan Huygens）就提出让火药在气缸内爆炸以推动活塞上升，通过一组开启的阀门把气缸内的空气排出，然后再关闭阀门利用真空效应把活塞拉回来，但这个设计面临火药爆炸难以控制的危险。后来，人们利用石油实现了这个设想。与同样的碳基能源——煤相比，石油作为能源的主要优势包括：①石油是液体，比固体的煤更便于运输，特别适应于通过管道连续运输；②石油更容易萃取精炼提纯，形成非常纯粹几乎不含任何杂质的液体燃料，因此石油的燃烧效率高，燃烧后没有废渣，在应用于内燃机时具有巨大优势；③石油比煤炭的能源密度更高，单位体积所能产生的能量远远高于煤炭，所以可以作为汽车、飞机等空间有限的交通运输工具的燃料，支撑其长途远距离运输。

1878年，美国人奥托（Nikolaus Otto）发明了汽油发动机，将内燃机的热效率提升到28%；1892年，德国人迪赛尔（Rudolf Diesel）发明了柴油发动机，将内燃机的热效率提升到34%。内燃机就此逐渐取代蒸汽机，获得广泛运用。随着内燃机技术逐步成熟，钻井的技术也得到了突破性进展，美国率先掀起了新一轮能源革命——石油革命，在机器、交通领域，“石油+内燃机”迅速取代了“煤炭+蒸汽机”。20世纪中叶开始，石油变成世界上最重要的能源燃料。随着世界石油开采和炼油业的飞速发展，世界石油工业开始建立，确立和巩固了石油作为主体能源的地位，并加速推动了现代工业的建立和发展，促进了纺织、钢铁、机械、铁路等传统部门的升级，还催生了化工、汽车等新的工业部门。

1.1.4 绿色智慧的未来能源时代

多年来由于人类使用化石能源，对地球气候环境产生了破坏性的影响，各国当前以化石能源为主体的单一能源体系架构，已不能满足提升自身产业链、供应链韧性和安全水平的现实需求。建设清洁绿色的能源体系，是保障各国国家能源安全、解决经济社会发展面临的资源环境约束问题的有效途径。当前，随着对地球生态环境保护的诉求不断提升，各类零碳低碳的清洁能源逐步被利用并得到普及，其中太阳能、风能、水能等是比较成熟的领域，而现代生物质能、氢能等成为正在快速发展中的技术领域。此外，核能也被认为是一种能够应对气候变化的清洁能源，但也同时存在着安全风险和核废水污染等诸多争议。与此同时，进入21世纪以后，在全球化带来的深刻变化中，世界经济逐渐融为一体，互联网的快速发展使世界更加扁平，能源系统与信息系统、交通系统等其他领域的耦合也更加紧密，大数据、智能电网、物联网等技术不断进步，新的技术革命不断涌现，能源的形态和利用方式更加多元，效率不断提升。未来的能源时代与以往不同，不再是由单一品种能源为主导，各品类能源将分别有着不同的分工和角色，多种能源相互耦合、互补互济，形成清洁低碳、智慧高效的能源系统。

1.1.5　能源发展历程的启示

回顾人类对能源开发利用的历史，可以得出以下启示。第一，人类开发利用的能源类型在不断拓展，能源开发利用技术也在不断进步，这种拓展和进步的动力源于既有能源结构对人类生存和发展的制约。从根本上说，是人类对更高效的生产、更便捷生活的追求产生了原动力。第二，能源结构的演进有历史的阶段性。能源的转型发展往往是一种缓慢的、长期的过程，一个新能源时代的到来并不意味着原有能源利用方式的消失。第三，在历史发展的进程中，资源与技术二者缺一不可，其中充足的资源是能源发展更新换代的基础，而技术是实现更新换代的方式。第四，不同阶段的能源发展驱动和影响因素不尽相同。薪柴时代能源发展主要受资源影响。在煤炭时代，除资源因素外，技术、经济社会对能源的发展影响逐步提升。在石油时代，地缘政治的影响显现。而当前，气候环境问题也成了影响能源发展的因素之一，是全球能源转型的重要驱动力量。总体来看，影响能源发展的因素是综合与复杂的，能源转型进程本质上由文明发展的内在需求驱动。

1.2　能源发展的影响因素

能源发展与经济社会发展相互作用。回顾人类从原始社会到现代工业化社会的演变进程，其能源需求与经济社会发展间的关系存在一定规律。一方面，能源作为人类发展中的关键物质要素，其需求受经济社会发展水平的影响最为直接，经济与人口增长速度、产业模式和经济发展动力的改变，都会直接带来能源需求的变化。另一方面，随着能源转型变革，社会生产消费模式、经济生活方式乃至社会生活习惯都随之变迁。从薪柴到化石能源的转变，促进了以规模化、高效率、跨越国界、分工协作等为特征的生产方式的建立，能源转型成为经济社会转型的原动力，直接催生了工业革命，也激发了大规模跨国贸易。此外，未来能源清洁低碳转型还能够通过控制温升避免气候相关灾害，从而降低气候灾害造成的经济损失与社会影响。因此，经济社会与能源的作用关系是双向的，整体呈相互促进、耦合发展的态势。

资源禀赋是能源规模化发展最基本的约束条件。资源禀赋指的是某地区所拥有的自然资源种类、数量和质量。而能源本质上是以资源为根本物质基础的系统，资源禀赋直接决定了能源开发的潜力和可持续性。如果一个地区拥有丰富的能源资源，如煤炭、石油、天然气或可再生能源，那么该品种能源的规模化发展就具备坚实的前提基础。由于化石能源资源在全球范围分布不均，能源在一些地区的稀缺特性给能源系统乃至经济发展带来很大制约；全球可再生能源虽总量充足，但存在密度不高及与能源消费中心呈逆向分布的典型特征，特别是以风光发电为代表的可再生能源还存在波动性、随机性及能源形态的制约。未来能源转型过程中，各品类能源资源禀赋约束及其在空间上的分布特性和能源形态、供给稳定性等，都是重要的考虑因素。

各品类能源在能源发展中的定位主要受技术效率与成本影响。技术进步是能源系统演进的重要推动力。根据技术发展给能源生产和消费带来的影响，可以将能源技术划分为渐进性技术、突破性技术和颠覆性技术。渐进性技术是在原有技术基础上的进一步发展，是技术的提升或拓展，如节能技术、降本技术等；突破性技术是新的能源生产或利用技术淘汰或冲击既有技术体系，如页岩油气开采技术，超深水超深层油气开采技术，碳捕集、利用与封存（CCUS）技术等的突破；颠覆性技术是颠覆了既有主流产品、市场格局乃至生产生活方式的技术，如改良蒸汽机、内燃机、人工智能等技术的诞生和发展。从能源发展史来看，技术变革和能源转型相互影响、互为动力。渐进性技术、突破性技术和颠覆性技术的发展，主要取决于它相对于既有技术的成熟度、成本与效率如何，这也决定了该项技术及该品类能源在未来发展中的角色和定位。渐进性技术通过在原有基础上逐步提升效率或者降低成本，从而改变不同品类能源的竞争力，进而持续作用于能源供需结构调整；突破性技术带来某一能源领域的跨越式效率提升或成本下降，进而强化其在能源结构中的地位；颠覆性技术则需要具备完全淘汰现有技术的优势，其效率的提升足以改变经济社会发展和生产生活方式的逻辑和动力，进而引发能源供

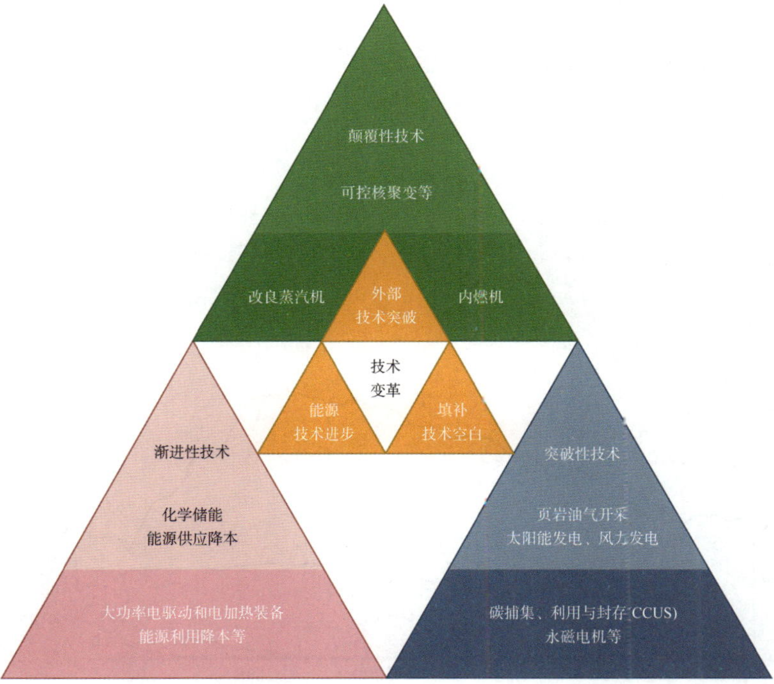

图1.1　能源技术矩阵示意图

需结构、基础、形态及平衡的根本性变革。渐进性、突破性、颠覆性技术之间存在量变到质变的演变过程，通过在某一领域不断地发展渐进性技术，促进该领域的前沿科技研究投入，则有望孕育出突破性技术乃至颠覆性技术。能源技术矩阵示意图见图1.1。

专栏1.1 突破性和颠覆性技术对能源发展的重大影响

突破性技术通常会带来某一能源领域的台阶式跃升。最为典型的如美国水平钻探和水力压裂技术突破带来的“页岩革命”，使美国油气生产能力得到大幅跃升，由油气进口国一举转变为油气出口国，同时也使得美国的天然气消费在保持了十余年的平台期乃至呈现出小幅下降趋势后，于2007年开始再度迎来了高速增长，2019年的消费量比2006年增长了约45%。页岩革命对美国能源消费结构的改变如图1.2所示。

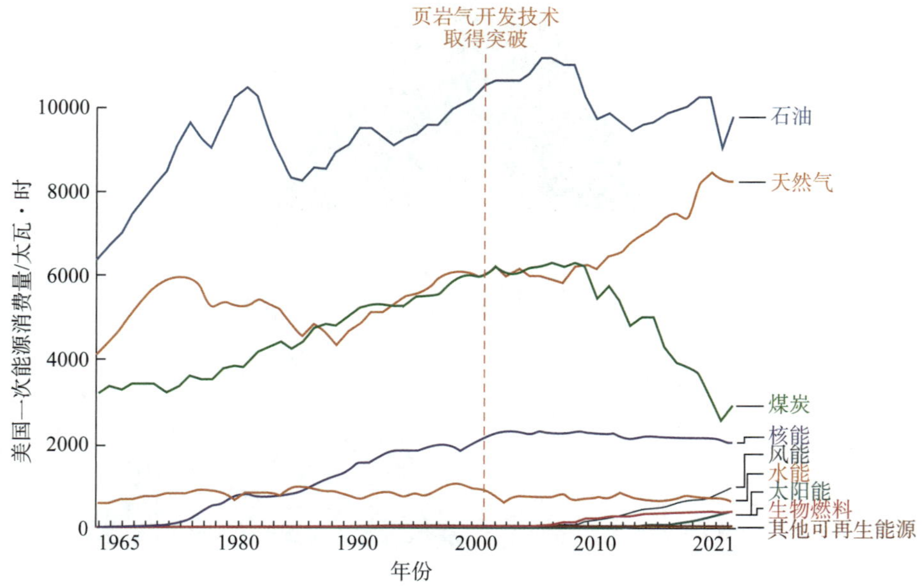

图1.2 页岩革命对美国能源消费结构的改变

与突破性技术不同的是，颠覆性技术往往不局限于能源领域本身的技术，其影响也不仅作用于某一特定能源领域，其效率的提升会对经济社会发展和生产生活方式的底层逻辑和动力产生影响，进而足以打破能源体系现有平衡，改变演进路径，带来更为广阔而深刻的能源转型。自从人类向工业文明迈进，世界历经的前两次能源转型均是受颠覆性技术的推动。从薪柴时代向煤炭时代的转型，蒸汽机的改良推动了煤炭开采利用技术的提高，煤炭得以广泛应用于以蒸汽机为动力的工业生产和交通运输，并逐步取代薪柴成为人类活动的主力能源。从煤炭时代向石油时代的转型，伴随着石油大规模开采和内燃机的发明，以内燃机为动力的交通运输业和石化工业迎来了蓬勃发展，世界能源的主角开始演变为石油和天然气等。而从20世纪90年代开始，围绕可再生能源利用颠覆性地形成了一系列技术集群，有力地促进了可再生能源的发展利用，推动摆脱对化石能源的依赖并有效降低温室气体排放，可再生能源在全球能源结构中的占比持续提升并逐步加速。

气候环境等可持续发展问题深刻影响当前能源发展的总体目标与方向。当前人类社会经济发展与生态环境的矛盾日益严峻，其中气候问题成为影响全球能源发展方向的主要因素。气候变化对人类社会的影响已成为科学共识，相关研究测算表明，未来如果经济增长迅速，能源使用量也会相应增加，到2100年，受极端湿热、极端降水和沿海洪涝三种气候灾害风险影响的全球城市人口将分别达到4.86亿人、5.02亿人和33.1亿人[1]。此外，当前全球工程基础设施现值143万亿美元，升

[1] 按照常规发展共享社会经济路径（SSP5）情景计算。

温2℃将使其现值损失达到4.2万亿美元，升温6℃将使损失升至13.8万亿美元。因此，气候变化危机将极大威胁人类生命财产安全乃至生存空间。能源作为应对气候变化的主战场，成功转型与否将直接影响能源可持续发展乃至人类可持续发展。与能源的前三个发展阶段不同，在第四个阶段，气候环境保护以较高的优先级被纳入发展考量，清洁低碳发展的总体方向和大势将不会改变。

专栏1.2 气候目标约束下的能源典型发展路径

联合国政府间气候变化专门委员会（Intergovernmental Panel on Climate Change, IPCC）发布的第六次气候评估报告（AR6）研究总结了一系列实现气候目标的典型路径，从能源领域支撑实现气候目标的典型技术路径来看，主要分为三大类。

一是以可再生能源逐步提高为主。该典型路径以可再生能源规模化发展实现碳减排，到2030年、2050年可再生能源占比至少分别达到38%、72%。

二是以大规模碳移除为主。该典型路径以大规模负排放实现碳减排，通过保留较高比例的化石能源、规模化部署碳捕集与封存（CCS）等技术，2050年后二氧化碳移除量将达到60亿~100亿吨/年。

三是以降低能源需求为主。该典型路径以较低的能源消费水平实现碳减排，通过技术创新和政策激励促进需求侧减排和能效提升，到2050年能源消费总量仅为当前的60%左右。

能源相关政策能够产生引导和约束作用，但非影响能源发展的根本因素。公共政策作为“有形的手”，对能源转型发展发挥重要的引导作用，不同类型的公共政策对能源消费的作用机制不尽相同。生态环境政策和能源产业政策直接作用于能源生产和消费，对能耗总量、能源品种产生约束和引导作用。经济社会政策和财政金融政策间接影响能源体系，前者主要通过影响社会总需求而作用于能源消费规模，后者主要通过约束能源供给而作用于能源消费结构。此外，国际贸易和环境政策对全球能源转型进程产生重要影响。但从本质上来看，一项有效管用政策的出台是政策制定者基于当前经济社会发展形势、立足本地资源禀赋、充分考虑气候环境影响及技术现状与前景得出的结果，政策制定者通过采取该政策作为引导，维持或改变发展方向。因此，可以认为经济、社会、资源、技术、环境是更底层的影响因素，而政策是基于上述因素形成的引导能源发展的“工具”，而非本因。公共政策对能源转型的作用机制示意图见图1.3。

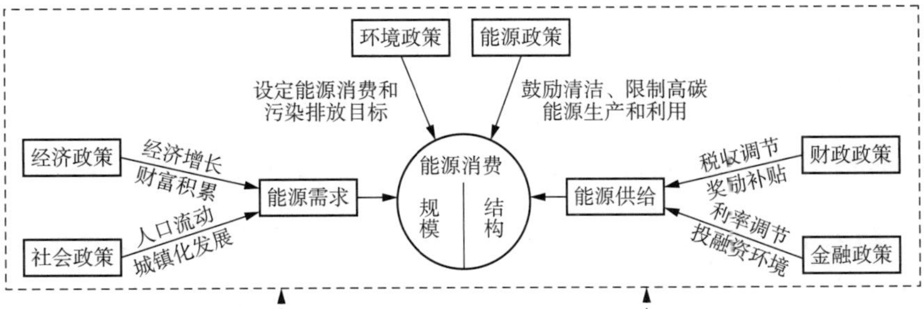

图1.3　公共政策对能源转型的作用机制示意图

地缘政治冲突及全球突发性事件在短期内对能源发展产生剧烈影响。近年来，因新冠疫情蔓延起伏及俄乌冲突等一系列影响，全球能源市场动荡加剧，能源供应链局部中断并形成重构。部分欧洲国家深陷能源供给短缺危机，被迫重新考虑能源安全和清洁能源政策，出现恢复煤电、重新拥核等“开倒车”现象。从短期看，区域及全球性事件对能源市场的影响较大，通常影响能源价格、贸易流向等方面，并造成部分国家因能源安全因素而暂缓能源转型进程。但从长时间尺度看，当前能源转型的方向和态势不会因短期因素而发生根本性改变。

专栏1.3 俄乌冲突下的欧洲能源危机与发展计划

一直以来，欧洲能源的对外依存度都较高，而俄罗斯是欧洲原油、煤炭和天然气的主要供应国。俄乌冲突发生以来，欧盟对俄罗斯的煤炭、石油、天然气出台禁运措施，欧洲多国深陷能源危机。2022年9月，从俄罗斯向德国输送天然气的两条管道——“北溪1号”和“北溪2号”在丹麦和挪威两国专属经济区内发生爆炸，大量气体泄漏，使区域能源安全问题雪上加霜，全球能源格局发生剧烈震荡。俄罗斯向欧盟的能源出口受挫后，不得不重新寻找合作伙伴，将亚太地区作为其能源的主要供给对象。

面对日益严峻的能源困境，为缓解电力供应压力，法国、德国、意大利、奥地利、荷兰、丹麦等多国相继宣布重启煤电生产或采取措施支持煤电项目。2022年8月，德国政府重启了尤尼泊公司的海登4号燃煤发电厂，以节省天然气，应对冬季能源需求。2022年11月，法国政府重启了圣阿沃尔德燃煤电厂。奥地利政府也重启了梅拉赫煤电厂。荷兰政府决定从2022年至2024年解除对燃煤发电的限制，燃煤电厂将再次获准满负荷运行。英国政府决定延长两座发电厂4台燃煤发电机组的使用寿命。

全球或区域性事件的发生在短期内对各国能源安全及转型进程造成不利影响，但同时也迫使各国制订及更新中长期计划，倒逼加快能源转型发展。2022年3月，欧盟委员会宣布可再生能源计划（REPowerEU），计划在2030年前摆脱对俄罗斯化石能源的依赖。欧盟将在“减碳55%”计划的基础上，在2027年额外投资2700亿欧元，加速推动欧洲能源转型。2022年9月，欧盟议会通过了《可再生能源法案（修订）》（RED Ⅱ），将2030年欧盟国家的可再生能源使用率目标从占总能源供应的32%提高到42.5%，并尽力实现45%的目标。

1.3 能源发展的分析思路与方法

基于上述能源发展的影响因素分析，可以得出，研究能源发展路径的总体思路是求解在同时满足保障能源供给、实现应对气候变化目标、契合全球各地技术及资源禀赋等多重约束条件下的成本优化能源转型路径。在此总体思路下，能源发展路径研究涉及经济社会发展、能源资源禀赋、碳排放约束、能源技术成本与效率、政策影响等次级系统的函数构建。据此，本书建立了综合能源评估等分析模块的总体研究框架（图1.4）。

经济社会发展预测。本书根据全球经济社会发展及各地区发展差异，确定宏观发展趋势与方向，包括经济、产业、人口等。经济与产业预测主要基于经济发展现状、全球增长新动力、产业发展趋势，对全球及各区域经济发展路径进行展望；人口与社会预测主要是分析人口总量及结构、城镇化率发展特点和趋势。

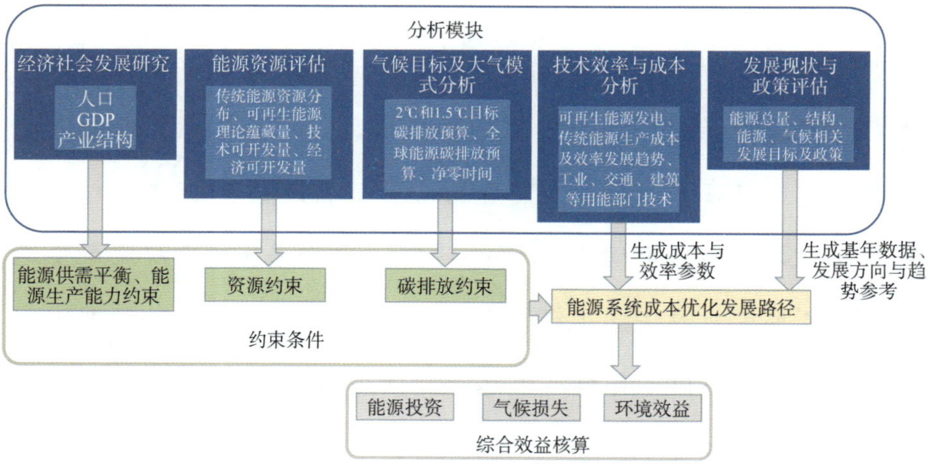

图 1.4　能源发展路径分析框架示意图

能源资源分析评估。本书主要针对全球及各区域能源资源禀赋进行量化研究，分析煤炭、石油、天然气的全球资源分布，重点收集分析全球地形、岩层地质、地面覆盖物分布、自然保护区、交通基础设施分布等各类信息，研究时间、空间维度下太阳能、风能等可再生能源的理论蕴藏量、技术可开发量、经济可开发量。以此为基础，设定全球及各区域可再生能源相关约束条件。

能源技术分析展望。本书主要分析了全球及各区域用能方式、技术发展趋势。能源供给侧主要考虑可再生能源发电、传统能源生产成本及效率发展趋势。能源消费侧主要考虑工业、交通、建筑等用能部门技术。其中，工业行业主要分析钢铁、化工、建材等高耗能行业，分析减排技术和脱碳潜力；交通行业主要分析电动车快速发展、氢能与其他低碳零碳燃料车发展，以及交通工具能效提升、新兴技术与行为模式发展；建筑行业主要分析居民和商业领域电气化、天然气供热等成本和发展潜力。此外，还重点分析了新兴能源转型技术，主要包括氢能、CCS、储能的成本效率、发展潜力及规模等。

气候目标影响分析。本书结合《巴黎协定》2℃和1.5℃温升控制目标及地球大气模式分析，确定不同概率、不同路径特征（超调或不超调）下实现温控目标的全球温室气体排放空间，并通过对温室气体排放种类结构的现状及未来发展趋势分析，确定合理的能源部门二氧化碳排放预算空间及净零时间。以此为基础，设定全球能源系统排放相关约束条件。

能源发展现状与政策评估。本书从全球和重点国家、区域层面分析当前能源发展现状与趋势，包括总量、结构、清洁化程度等。梳理各国能源、气候相关发展目标及政策，主要包括国家自主减排贡献目标（National Determined Contribution，NDC）目标、各国能源当前发展形势及相关发展规划等，评估系列目标和政策对能源发展的影响，并分析地缘政治因素对能源的短期影响。以此为基础，可以确定能源展望研究的基年数据、短期走势及作为中长期能源发展路径的参考。

综合能源评估分析。基于上述分析模块分析结果，可以对全球和各区域能源系统进行全局优化，以满足经济社会发展供能需求和成本最优为目标，以气候目标、资源禀赋、能源生产能力和存量变化为约束条件，综合考虑资源开发、中间转换、终端利用等各环节技术效率与成本参数，形成未来能源发展的优化路径。基于此优化路径，进一步分析未来能源发展形成的综合效益，包括能源投资和气候损失对经济产生的效益或影响、能源相关污染物排放对环境的影响等。

第2章

世界能源发展形势

为实现应对气候变化及能源转型目标，全球各国积极出台气候及能源转型政策，推动全球能源朝多元化、清洁化和高效化的方向发展。然而，当前全球能源消费及相关温室气体排放仍呈增长态势，按照全球能源发展路径延续计算，距实现《巴黎协定》气候目标仍有较大差距，全球各国仍需进一步加大能源转型发展的决心和力度。

2.1 能源发展现状与基础

全球能源维持紧平衡状态，能源消费持续增长。2023年，全球能源行业面临的外部环境依然复杂严峻，地缘冲突、气候变化及经济因素持续影响能源供需平衡状态，能源安全形势尽管较2022年有所缓解，但不确定性依然存在。从能源市场看，国际天然气贸易格局逐步完成重构，油气供需全年维持紧平衡状态。2023年世界一次能源消费量为222.4亿吨标准煤[1]。其中，石油消费规模回升并超疫情前水平，同比增长2.4%，在一次能源消费总量中占比29.1%，发展中经济体贡献了绝大部分增量；天然气消费同比增长0.2%，占比23.8%，主要受经济增速放缓及能源转型等影响，欧洲天然气消费持续萎缩，中国和印度成为最主要的天然气消费增长国；煤炭消费同比增长1.8%，占比26.4%，即将进入达峰平台期；非化石能源消费保持稳健增长态势，占比20.7%，消费增量主要来自非水可再生能源。

能源相关排放是温室气体排放的主要来源，且排放量创历史新高。

[1] 采用发电煤耗法统计，下同。

2023年，全球能源相关的二氧化碳排放量增长1.1%，达到374亿吨[1]的历史新高，已从2019年新冠疫情导致的排放量下降中全面反弹。增长主要来自化石燃料燃烧、水泥制造等工业领域，其中化石燃料发电量增长导致碳排放量增加约1.7亿吨，约占全年排放总增量的40%。从全口径温室气体排放来看，化石燃料燃烧和工业过程中产生的二氧化碳排放是导致总体排放量增加的主要原因，约占目前温室气体排放量的2/3；甲烷、一氧化二氮和氟化气体的全球升温潜能值较高，约占目前温室气体排放量的1/4，其排放量正在迅速增加。从区域和国家来看，二十国集团的温室气体排放量约占全球总排放量的76%，但各成员国之间的趋势差异很大，中国、印度、印度尼西亚和美国有所增加，巴西、欧盟和俄罗斯有所减少。

2.2 各国能源转型目标及政策

自20世纪90年代《联合国气候变化框架公约》签订以来，各国高度重视应对气候变化，采取切实行动推动能源转型和减缓行动。《巴黎协定》治理框架下，各缔约方提交NDC和长期温室气体低排放发展战略，展现各国减排雄心。欧盟、中国等主要国家和地区共同应对气候变化问题，已宣布碳中和目标的国家或地区碳排放总量接近全球总量的90%，应对气候变化在更广范围内形成共识，第二十八届联合国气候变化大会（COP28）全球盘点成果明确提出以公正、有序和公平方式实现转型。但在能源转型的漫长过程中，各国由于资源禀赋、转型压

[1] 统计能源活动相关的二氧化碳排放，含能源在工业过程中的非燃烧排放。

力、市场空间等基础条件的不同，选择了差异化的能源转型之路。

欧洲不断提高能源转型目标，转型政策频出，全球能源转型领跑者地位凸显。《欧洲绿色协议》（European Green Deal）处于欧盟施政纲领六大政策的首要位置，为减缓气候变化、推动可再生能源的发展提供总纲。2021年7月9日，《欧洲气候法》正式生效，这是欧盟首次将实现碳中和的目标写进法律，即2030年温室气体净排放在1990年的基础上至少减少55%，意味着欧盟控制温室气体排放的政治承诺开始具有法律约束力。在《欧洲绿色协议》和《欧洲气候法》的指导下，欧盟委员会发布“减碳55”一揽子计划（Fit for 55 package），宣布提高可再生能源利用及能源效率，即到2030年将欧盟可再生能源在整体能源结构中的占比从32%提高到40%，将最终能源消耗减少36%，一次能源消耗减少39%。在2022年俄乌冲突爆发后，加快绿色能源的部署对欧盟来说更显迫切。2022年3月，欧盟提出REPowerEU，建议将欧盟可再生能源指令的目标从40%提高到45%，并使可再生能源的总发电能力在2030年达到1236吉瓦。

美国能源转型经历了一波三折，在摇摆中逐渐形成了以发展清洁能源为主的路线。由于两党执政理念迥异，美国能源转型政策反复多变，进入拜登政府时期后，表现出较为积极的态度。拜登政府上任伊始就宣布重新加入《巴黎协定》，还制订了气候融资计划以减少国际高碳项目，希望通过应对气候危机的行为来重塑美国的国际领导力。提出了“3550”目标，即到2035年通过可再生能源实现无碳发电，到2050年实现碳中和。此外，为了消除特朗普执政带来的影响，推出了一系列的行政命令来推进碳减排工作，例如，发布了《应对国内外气候危机的行政命令》《清洁未来法案》等，通过推动新能源技术创新、实施绿色清洁能源解决方案、加大清洁能源投资、利用绿色金融优化市场资源配置等途径来促进能源转型，将发展清洁能源与美国经济发展相结合，加速各部门的低碳发展。史上最大规模气候法案《2022年通胀削减法案》的发布，对于全球能源转型影响深远。其中，有3690亿美元用于解决温室气体排放问题，计划支出金额占据整个法案的一半。随着共和党再次入主白宫，可能会出台支持传统能源、放宽油气产量限制的政策，但能源转型的大方向不会改变。

中国能源转型蹄疾步稳，体制机制逐步完善。中国在2020年底面向国际社会正式提出“碳达峰、碳中和”目标，即力争在2030年左右实现二氧化碳排放达峰，在2060年前实现碳中和。这是中国在应对气候变化、实现能源转型方面的重大举措。3年来，中国在“双碳”目标指引下，一方面，支持联合国框架及《巴黎协定》的核心地位，积极实施并更新NDC方案，坚决履行国际气候承诺。另一方面，建立“1+N”政策体系，采取一系列积极举措，政策系统性、协同性、一致性不断加强，着力平衡安全、经济与降碳间关系，先立后破，稳步推进，全面促进清洁能源转型。能耗双控考核不断优化，向碳排双控转变的工作基础逐步夯实，为经济发展提供更多可再生能源消费空间。在能耗双控措施中通过颁布《关于进一步做好新增可再生能源消费不纳入能源消费总量控制有关工作的通知》和《关于进一步做好原料用能不纳入能源消费总量控制有关工作的通知》完善可再生能源消费和原料用能的问题。《关于推动能耗双控逐步转向碳排放双控的意见》的通过，标志着初步具备了转向碳排放双控的工作基础，为地方发展提供更多可再生能源消费空间，兼顾发展与降碳目标。

亚洲其他发展中国家相继提出能源转型和气候战略目标。印度表示2030年计划实现4.5亿千瓦的可再生能源目标，发展氢能等新兴能源，加速可再生能源建设和数字化改造。印尼重视能源开发利用方式多样化，实施可再生能源工程，积极发展水电、地热能、太阳能等清洁能源。沙特阿拉伯发布《2030愿景》《国家转型计划》，积极推动发展油气和矿业、可再生能源、数字经济、物流等产业，将可再生能源发电占比提升至4%。哈萨克斯坦积极转变高耗能发展模式，建立严格的排放限制和废弃物管理办法，力争到2030年温室气体排放量较1995年减少30%。

非洲国家积极推进绿色低碳转型。非盟《2063年议程》将提升应对气候变化、实现可持续发展的能力作为重要目标之一。在非洲环境问题部长级会议第八届特别会议上，54个非洲国家一致同意实施绿色复苏计划，致力于推动更低碳、更具韧性、可持续性及包容性的经济发展。非洲国家为推动低碳经济发展持续出台相关政策措施。已有超过90%的非洲国家正式批准应对气候变化的《巴黎协定》，超过70%的非洲国家将发展清洁能源和清洁农业列入应对气候变化的NDC目标。尼日利亚联邦政府支持国民光伏扶助计划“太阳能家用系统”；南非政府出台多项措施鼓励可再生能源开发利用，并提出在2030年前将煤电占比降到48%，到2050年实现碳中和目标。尼日利亚、摩洛哥、南非、肯尼亚、加纳等国在发行绿色主权债券、推动绿色投资方面进行尝试。

中南美洲国家积极提出能源转型与气候战略目标。依托丰富的可再生能源，中南美洲多国加快清洁能源开发。南美洲多国以法律和政策支持的方式鼓励清洁能源发展。巴西于2020年12月提出《2050年国家能源计划》，强调太阳能光伏发电对巴西能源结构的重要性。哥伦比亚于2020年8月提出“清洁增长”计划，提出27个战略性可再生能源和输电项目。智利制订《2050年国家能源政策规划》，力争到2035年和2050年将可再生能源发电占比增加至60%和70%。圭亚那、乌拉圭、厄瓜多尔和秘鲁等国家大力发展清洁能源投资项目等，提供免税或资金支持。中美洲国家哥斯达黎加于2019年2月公布《2018—2050年国家脱碳计划》，制定脱碳目标和路线；洪都拉斯积极推动水能、风能、太阳能等可再生能源及天然气能源项目发展。加勒比地区多个国家制订能源发展计划，提高清洁能源占比。古巴提出可再生能源政策，计划到2030年将可再生能源在能源结构中的比重提高至24%，生物质发电被列为优先发展产业。巴巴多斯鼓励发展可再生能源，计划到2030年完全采用可再生能源发电。巴哈马规划到2030年将可再生能源发电能力提高到占全部发电能力的30%。加勒比地区国家积极开展国际合作，通过国际援助等方式开发清洁能源项目。

2.3 当前政策趋势与气候目标的差距

当前形势下碳排放空间加速缩小，发展趋势与气候目标差距较大。根据当前各国更新提交后的NDC，2030年全球最多能减排约60亿吨二氧化碳当量。要实现《巴黎协定》2℃温控目标，需要在NDC目标（无前提条件）的基础上多减排140亿吨二氧化碳当量，在2030年前将全球碳排放量降至约410亿吨二氧化碳当量；要实现1.5℃温控目标，需要在NDC目标（无前提条件）的基础上多减排220亿吨二氧化碳当量，在2030年前将全球碳排放量降至约330亿吨二氧化碳当量。但按照当前各国最新的NDC，到21世纪末全球气温将上升2.4℃[1]以上，仍难以实现《巴黎协定》确定的温控目标。一旦全球温升超过《巴黎协定》确定的温控阈值，气候灾害对自然系统和人类社会的负面影响将极大增加[2]。不同情景下全球温室气体排放路径及到2030年的排放差距见图2.1。

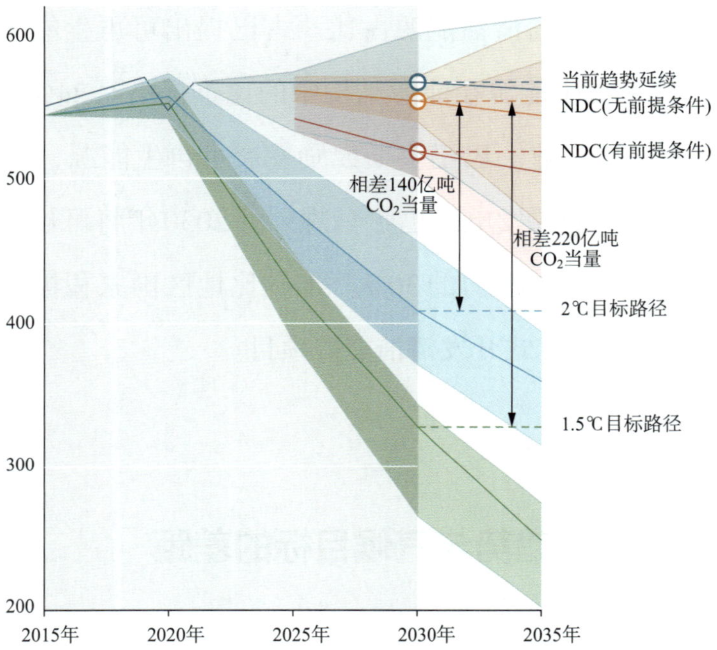

图2.1　不同情景下全球温室气体排放路径及到2030年的排放差距[2]

从减排量和成本来看，当前发展形势下实现1.5℃目标的难度极大。1.5℃的排放路径需要大幅提前达峰、净零排放时间。根据IPCC研究，绝大部分1.5℃排放路径都需在2020年左右达峰，2050年左右实现

❶ Climate Action Tracker（CAT）, Addressing global warming, 1 July 2021. https://climateactiontracker.org/global/temperatures/.

❷ 修改自UNEP, Emission Gap Report 2023, 2023. 实线表示各目标下主流排放路径的平均值，阴影部分表示各目标下主流排放路径落在的范围。

净零排放，并在净零后保持较长时间负排放[1]，2030年排放水平比2010年下降45%，相当于1990年水平的74%[2]，而当前已经错过了最佳达峰窗口期，未来要实现1.5℃目标只能采取更加极端的转型方式。相比之下，2℃排放路径通常在2030年前达峰，21世纪下半叶实现净零排放，2030年排放水平比2010年下降20%，相当于1990年水平的108%。从实现2℃目标提高到1.5℃目标，2050年全球可再生能源发电占总发电量的比重需要从40%~46%提高到70%~85%。电能占终端能源消费占比需要从33%~37%提高到40%~54%。从2℃目标提高到1.5℃目标，全社会边际减排成本将提高3~4倍，转型成本过高。

从实际行动来看，实现1.5℃目标要求实现全球资源的最优化配置，形成全球合力，但当前尚未落实实现1.5℃目标所需的国际合作行动。当前全球气候治理面临各国转型协同不足问题，仍需扩大国际合作力度，实现切实合作而非造成利益争端。国际社会必须扩大合作力度，确保各国在能源转型和减排方面的努力能够形成合力，而非相互掣肘，以绿色发展为由对他国进行遏制打压。首先，全球气候治理的协同不足主要表现在各国政策的不一致性和缺乏协调。发达国家和发展中国家在减排责任和能力上存在差异，这导致了在气候行动上的分歧。发达国家拥有更多的资源和技术，但在减排力度上往往缺乏足够的领导力；而发展中国家则面临着发展经济和改善民生的迫切需求，这使得其在减排问题上往往更加谨慎。这种差异性要求国际社会建立更加公平合理的合作机制，以确保各国能够根据自身国情采取相应的

---

❶ 目前主流的负排放技术主要是生物质发电配碳捕捉，通过大规模发展生物质能源吸收大气中的二氧化碳，然后将生物质发电并捕集和封存燃烧排放的二氧化碳，以此减少大气中的二氧化碳。此外，大规模植树造林也有固碳的作用，也是负排放途径之一。

❷ 1990年为京都议定书时期国际社会对碳排放水平的通用表述，建议今后采用2010年水平作为比较基准。

气候行动。其次，全球气候治理需要国际合作来共同研发和推广清洁能源技术。技术的创新和应用是实现能源转型的关键，国际社会应通过共享知识产权、提供技术援助和资金支持等方式，帮助发展中国家获取和应用清洁能源技术，以加速全球能源结构的绿色转型。最后，国际合作还应体现在气候融资方面。发达国家应履行承诺，为发展中国家提供足够的资金支持，帮助应对气候变化带来的挑战。

第3章 世界能源发展路径

分析能源发展路径，主要需要立足当前全球及各地区发展现状、技术基础和资源禀赋，基于未来经济社会发展趋势，考虑全球气候目标，综合各品种能源生产利用的成本及效率，研究得出能源消费总体情况、各品种能源及主要终端用能部门的发展路径。

3.1 经济发展

近年全球经济复苏艰难。2023年，全球经济在新冠疫情大流行后艰难重启。尽管通货膨胀得到了较为有效的控制，但是受国际地缘政治冲突、美欧高利率和央行缩表、制造业景气下行等因素影响，各国经济复苏动能趋弱，经济增长总体放缓。根据国际货币基金组织数据，2023年全球经济增长速度约为2.9%，且发达国家和发展中经济体之间的“分化”问题明显，前者2023年经济增速不足2%，后者达到4%左右。

近中期来看，全球经济发展面临很大的不确定性风险，预计增长速度将维持在年均3%左右的低水平。一是地缘政治风险。美俄在乌克兰的大国角力还在继续，俄乌冲突显现长期化特征，巴以冲突的骤然升级，进一步扩大了地缘政治风险在能源价格震荡、关键贸易路线风险等方面的溢出效应，给市场预期造成巨大压力。二是“去全球化”风险。受金融、能源、粮食等多重危机的影响和地缘政治的巨大压力，全球一体化生产体系正在分化重组，生产投资出现“近岸化”“友岸化”特征，与此同时，全球海运也在极端天气和地区冲突下遭遇重大挑战，航运成本一路走高，给国际贸易前景带来负面信号。三是通货膨胀反弹风险。尽管全球总体通胀将继续放缓，但不论是对于发达国家还是新兴市场而言，均存在通胀反弹的风险，这与意外供给冲击、货币政策失误等因素有关，考虑到主要发达经济体加息已接近尾声，但货币政策持续紧缩，还需要警惕金融风险和债务危机。

远期来看，全球经济规模持续扩大，但一段时间内增长速度大概率难以恢复新冠疫情前的水平。预计全球GDP总量将在2030年前突破100万亿美元[1]、2050年前可能突破200万亿美元。由于经济规模绝对扩张，经济增速将相对放缓，预计到2060年展望期末，全球经济年均增速将降至2.5%左右甚至更低（图3.1）。

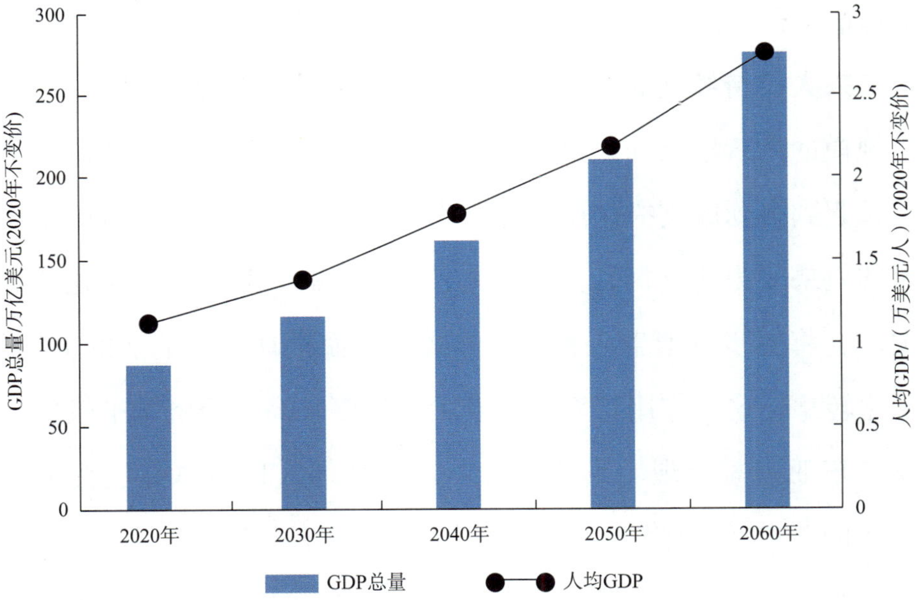

图3.1 全球经济增长预测

[1] 2020年不变价，下同。

3.2 人口发展

当前全球人口总体处于低出生率、低死亡率、低自然增长率的现代型增长模式，全球城镇化建设总体处于中期快速发展阶段。2023年，全球人口总量增至80.3亿人、比10年前增长了约8亿人，人口自然增长率进一步降至8‰、仅为10年前的2/3。人口年龄结构方面，65岁及以上老龄人口规模接近8亿人、占比增至10%，全球总体进入老龄化社会；15~64岁劳动年龄人口规模增至52亿人、占比降至65%；相应地，社会总抚养比升至54%。城镇化方面，近10年，全球城镇人口规模以接近年均2%的速度增长，与此同时，全球乡村人口规模进入34亿人左右的峰值平台期，2023年全球总体城镇化率达到57%。

未来人口持续增长，人均寿命与城镇化率进一步提升。一方面，人口规模的持续增长和人口预期寿命的进一步提升，将对能源消费总量增长起到强劲的支撑作用，这一作用在非洲、亚洲等地区的发展中国家的效果尤为凸显；另一方面，人口结构的老龄化和城镇化的进一步发展，将逐步重塑生活和生产方式，进而推动能源消费的电气化、智能化转型，这一作用将率先在老龄化程度较高、经济水平较发达的西欧和东亚国家显现。具体而言，预计全球人口的总和生育率将从2023年的2.3持续下降，到2040年降至2.2左右，到2055年降至2.1的更低水平；全球人口预期寿命将从2023年出生时的73.3岁增至2060年出生时的78.3岁（图3.2）；全球总人口预计将于2030年增至85亿人、2040年增至92亿人、2060年达到100亿人（图3.3）；全球人口老龄化率和总抚养比将持续提高，预计2040年前全球总体老龄化率突破14%，

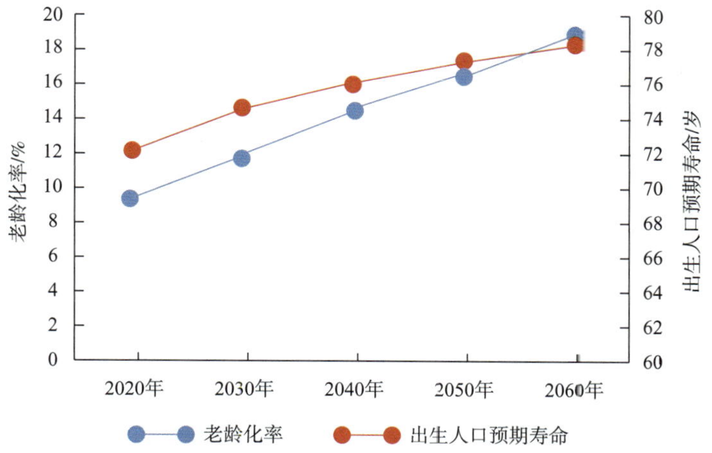

图3.2 全球人口老龄化率与平均寿命预测

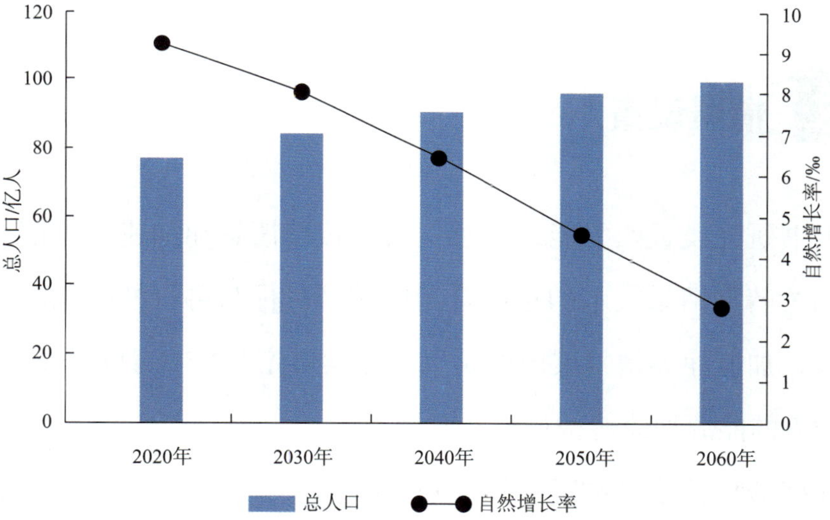

图3.3 全球人口增长预测

步入深度老龄化社会，到2050年全球老龄人口规模较2023年翻一番，到2060年老龄化率将进一步增至19%、逼近超级老龄化社会；全球城镇化进程预计将长期处于增长阶段，城镇化率到2030年突破60%、到2060年达到70%（图3.4），城镇人口维持增长态势，预计2060年城镇人口规模将较2023年增长50%以上。

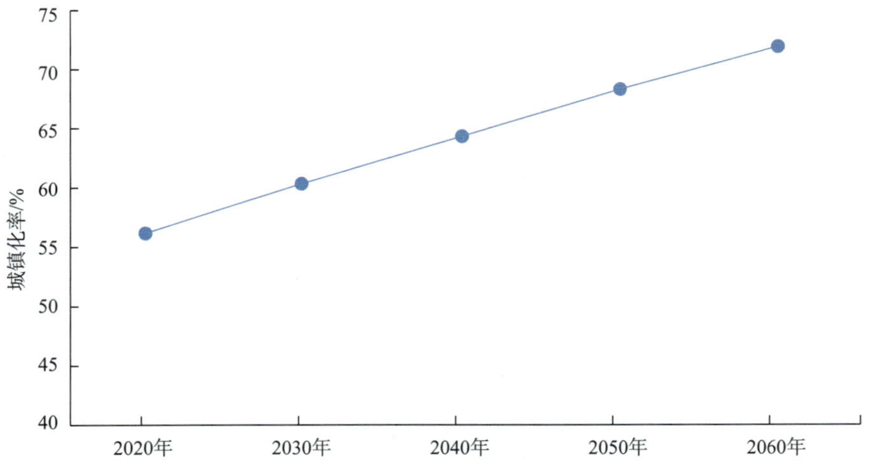

图3.4　全球城镇化率预测

3.3 情景设置

本书研究设置两组能源情景：均衡转型情景和加速净零情景。其中，均衡转型情景展示的是综合考虑转型目标与可行性的能源优化转型路径；加速净零情景展示的是以《巴黎协定》1.5℃目标作为主要碳排放约束的能源加速转型路径。

均衡转型情景是在现有发展趋势基础上，基于稳健、有序的政策措施实现能源和经济社会可持续发展的能源转型情景，兼具技术可行、经济高效、成本可负担等主要特点。从现实来看，尽管各国在推动能源转型方面做出了努力，全球能源转型还面临着诸多现实困难和挑战，包括能源安全威胁、转型资金不足、能源技术壁垒等，而当前持续不断的区域冲突和逆全球化发展仍在加剧能源转型阻力。按现有政策延续评估，当前发展路径与全球气候目标差距较大，全球能源转型任重道远。为此，各国仍在不懈努力，例如提出并更新NDC目标、提出碳中和目标并出台相关战略规划、落实能源转型行动等。然而许多国家当前发展趋势相较其NDC和碳中和目标仍有差距。综上所述，本书考虑全球各主要国家如期实现其NDC目标，努力朝碳中和目标方向转型发展，并基于当前全球及各国能源发展基础与形势，对未来可能实现的能源发展转型路径进行了综合分析与研判，系统分析设计了均衡转型情景，在该情景下，全球能源安全能够得到有力保障，未来有望实现经济高效和协调可持续转型，保障人类社会可持续发展。均衡转型情景主要条件框架设置见表3.1。

表3.1 均衡转型情景主要条件框架设置

全球气候与能源战略目标	能源燃烧相关CO_2排放于2065年左右净零
各国气候与能源政策	各国实现NDC目标，加快朝碳中和战略目标方向发展，并尽快确立明确的政策框架、激励措施和实施路径
	各国持续推动可再生能源、储能、碳捕集与封存（CCS）等领域投资
	加速推动削减煤电，加快化石能源的非能利用转型发展
	各国加快建立和完善碳排放权交易市场
产业技术发展与革新	光伏、风电等可再生能源技术成本按当前趋势发展
	电力系统逐步更新升级，实现高比例可再生能源电力系统安全稳定运行
	绿氢等清洁燃料成本按当前趋势下降，实现规模化配置与利用
	碳捕集技术成本按当前趋势下降并实现商业化、规模化应用
	终端部门实现电氢用能技术成本下降与规模化发展

加速净零情景是以《巴黎协定》1.5℃温升控制为主要目标的能源转型情景，实现该目标将使人类社会的安全风险更低，但同时面对转型时间短、窗口期近、成本高等挑战，实现希望渺茫。《巴黎协定》提出，"把全球平均气温升幅控制在工业化前水平以上低于2℃，并努力

将气温升幅限制在工业化前水平以上1.5℃之内”。其中，2℃作为具备法律效力的实现目标，1.5℃目标作为努力方向。从科学研究角度看，以1.5℃为温控目标可能造成的影响将远小于2℃，预计到2100年全球海平面上升将减少10厘米，1亿人免于气候变化影响，造成的生物灭绝数量是2℃目标下的1/3~1/2，人类健康、生活、食物安全、水资源、人类安全、经济增长的风险更低。为实现1.5℃目标，2016—2100年间全球累计温室气体排放总量应控制在4200亿~5800亿吨CO_2当量，能源部门二氧化碳累计排放量应控制在4000亿吨左右，是实现2℃目标排放空间的40%左右。《格拉斯哥协议》[1]中四次提到1.5℃目标，并首次明确实现1.5℃目标的量化减排指标，即要求2030年全球二氧化碳排放相对于2010年减排45%（约138亿吨二氧化碳），在21世纪中叶实现净零排放，并大幅减少其他温室气体排放。从现实来看，1.5℃目标意味着需要极大提升2030年前的减排力度，由于发达国家此前已经承诺2030年减排45%~50%，减排压力将转嫁给发展中国家，要求发展中国家进一步设定更高的近中期减排目标。当前全球排放仍呈增长趋势，2030年排放减半几乎无可能，此后《沙姆沙伊赫实施计划》[2]仍旧保留了1.5℃目标，但主要体现的是发达国家和小岛国的政治意愿。从减排成本看，从2℃目标提高到1.5℃目标，全社会边际减排成本将提高3~4倍，2015—2050年全球年均能源相关的减排投资需求将从4800亿美元提高至9000亿美元，极大的减排成本压力压缩了各国尤其是发展中国家的发展空间，并有可能因加速转型对能源安全、产业链安全、就业等产生不利影响。综上所述，虽然1.5℃目标仍是全球气候治理的道义制高

❶ 在2021年英国格拉斯哥举行的联合国气候变化大会（COP26）上达成的协议。

❷ 在2022年埃及沙姆沙伊赫举行的联合国气候变化大会（COP27）上达成的协议。

点，但1.5℃目标较当前发展趋势差距巨大，实现希望逐渐渺茫。本书研究设计了加速净零情景，旨在分析阐释实现1.5℃温控目标全球各国在气候和能源战略行动上的差距和所需进一步努力的方向。加速净零情景主要条件框架设置见表3.2。

表3.2 加速净零情景主要条件框架设置

全球气候与能源战略目标	到21世纪末温度上升幅度限制在1.5℃以内
	能源燃烧相关CO_2排放于2055年左右净零
各国气候与能源政策	各国更新和提升NDC及碳中和战略目标，并尽快确立明确的政策框架、激励措施和实施路径
	各国最大限度提升可再生能源、储能、碳捕集与封存（CCS）等领域投资
	各国制定并严格执行化石能源退出计划，加速煤炭退出、油气转型
	发达国家落实并提升对发展中国家的资金与技术援助承诺
	各国加快建立和完善碳排放权交易市场，逐步形成全球统一市场
产业技术发展与革新	光伏、风电等可再生能源技术成本在现有基础上大幅下降
	电力技术取得突破性发展，新型储能成本大幅下降，电力生产基本依靠清洁能源，实现电力排放快速净零并提供负排放
	绿氢等清洁燃料成本大幅下降，实现大规模配置与利用
	碳捕集技术成本大幅下降，极大提升部署范围与规模
	加快终端部门的电氢替代，交通、建筑部门实现高度电氢化发展，充分挖掘钢铁、化工等工业部门的电氢化潜力
	能源生产、转化、配置、利用效率大幅提升，能源需求大幅下降，全社会形成高度节能的生产生活方式

3.4 能源与碳排放总体情况

能源转型将推动能源消费先升后降。在均衡转型情景下，能源消费增速逐步放缓，于2045年前达峰，峰值为267.1亿吨标准煤[1]，至2060年下降至252.5亿吨标准煤。在加速净零情景下，采取能源转型政策措施与行动的时间更早、力度更大，能源消费达峰提前，到2030年后即进入平台期，2035年左右达到峰值为241.6亿吨标准煤左右水平，2040年后下降速率加快，到2060年降至217.3亿吨标准煤。若延续当前发展趋势，能源消费总量将持续攀升，到2050年后进入饱和阶段，主要原因是未来能源发展路径将延续现有趋势，许多国家能源消费持续朝粗放型方向发展，能源结构未能取得大幅调整，能源生产、加工、转化、利用的整体效率提升较小（图3.5）。

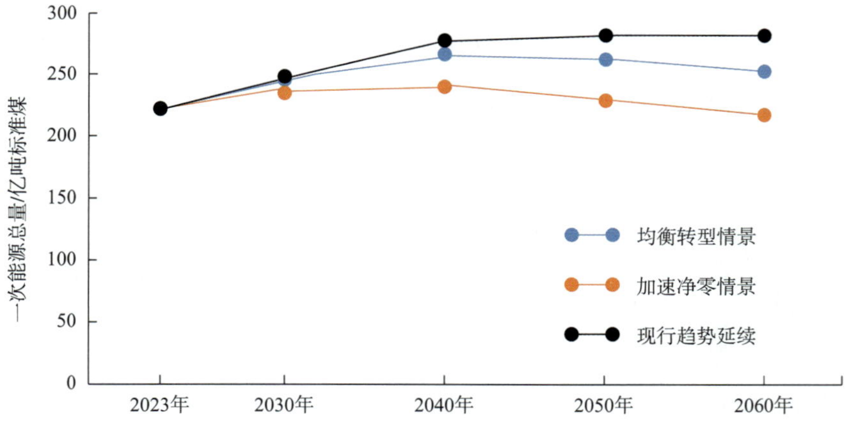

图3.5　两情景与现行趋势延续的一次能源总量对比

能源结构整体呈向清洁化方向发展趋势，煤炭逐步转型削减，油气在中短期仍将保持主体地位。均衡转型情景、加速净零情景两者都呈现

---

[1] 以发电煤耗法统计，下同。

明显的化石能源缩减、可再生能源规模扩大趋势。其中，均衡转型情景的替代速率相对较缓，可再生能源占一次能源比例从2023年的16.1%分别上升至2030年、2060年的21.4%和51.8%；煤炭从2023年的26.4%分别下降至2030年、2060年的23.7%和4.7%；石油、天然气在2030年分别占26.6%和23.5%，到2060年分别占15.3% 和20.4%（图3.6）。加速净零情景下，可再生能源发展规模加速扩大，到2030年和2060年分别达到29.0%和79.9%，煤炭加速削减，远期2060年油气共计占比约10.1%（图3.7）。

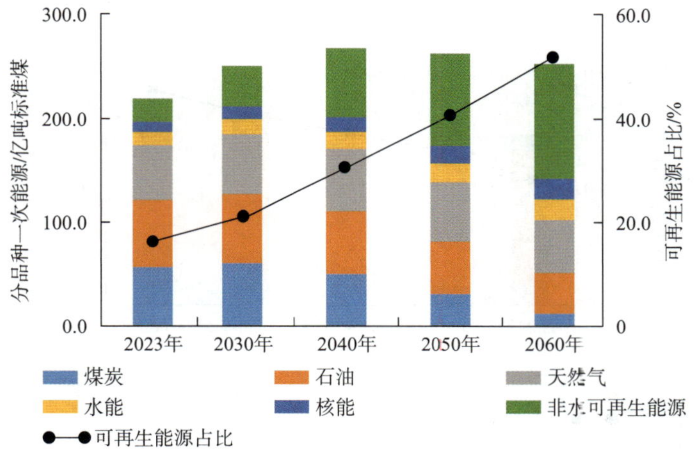

图3.6 均衡转型情景一次能源结构

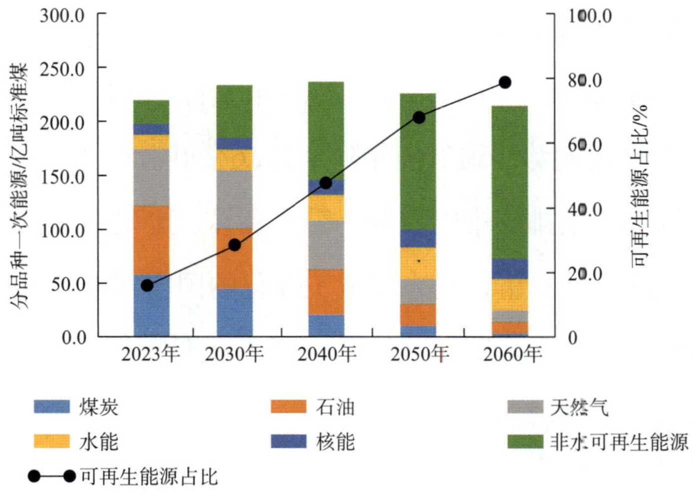

图3.7 加速净零情景一次能源结构

能源转型将推动终端能源利用效率提升和需求达峰后下降。均衡转型情景下，终端能源需求持续上升，于2040年进入达峰平台期，峰值约为170.6亿吨标准煤[1]，其后逐步下降，到2060年降至156.3亿吨标准煤，电气化率到2030年、2060年分别达到25.6%和37.2%[2]（图3.8）。加速净零情景下，全社会快速形成集约型终端能源利用方式，效率显著提升，终端能源需求于2035年左右达峰，峰值为159.0亿吨标准煤，其后呈下降趋势，到2060年降至138.5亿吨标准煤左右，电气化率到2030年、2060年分别达到27.7%和56.7%（图3.9）。

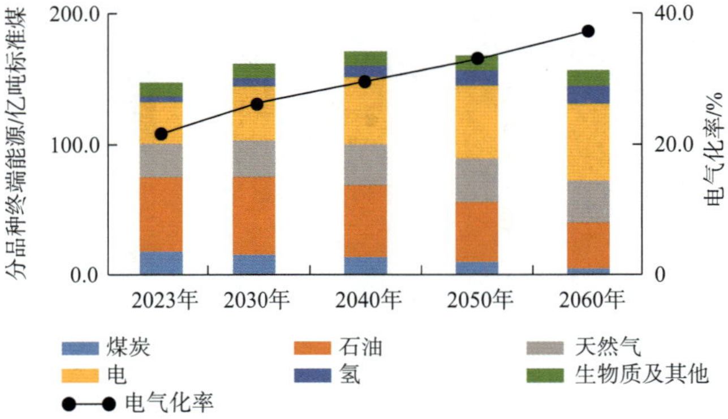

图3.8　均衡转型情景终端能源结构

能源转型将推动能源燃烧相关碳排放在近中期达峰。均衡转型情景下，能源燃烧造成的二氧化碳排放于2030年左右达峰，峰值为351.9亿吨左右[3]，随后呈下降趋势，到2060年降至107.6亿吨。该情景下，2060年展望期内的能源部门碳排放难以净零，需要森林、土地利用等部门创造足够碳汇。加速净零情景下，尚未完成工业化的国家和地区将发挥后发优势，加快形成以电、氢、天然气、生物质为主的低碳工业用能体系，能源

❶ 化石能源的非能利用计入终端能源，下同。

❷ 不含电制氢及其他燃料的电能消费，下同。

❸ 统计能源燃烧后形成的二氧化碳排放，不含非能源部门及能源在工业过程中的非燃烧排放，计入碳捕集带来的减排量，下同。

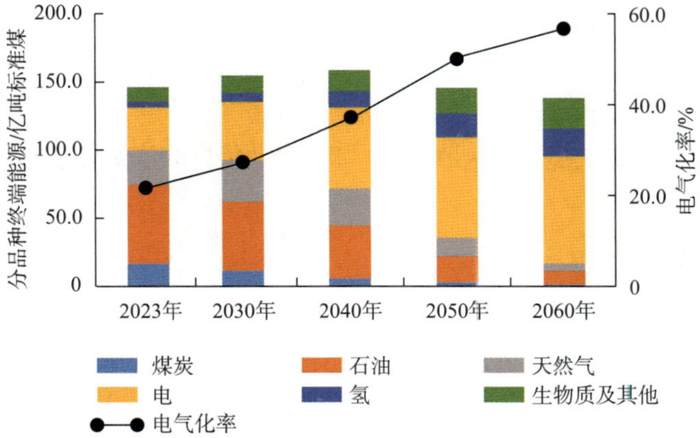

图3.9 加速净零情景终端能源结构

消费侧排放下降加快，能源燃烧相关二氧化碳排放达峰更快、峰值更低，2025年后即加速下降，于2055年左右基本实现净零，其后能源系统逐步实现并扩大净负排放，到2060年形成37.7亿吨净负排放（图3.10）。

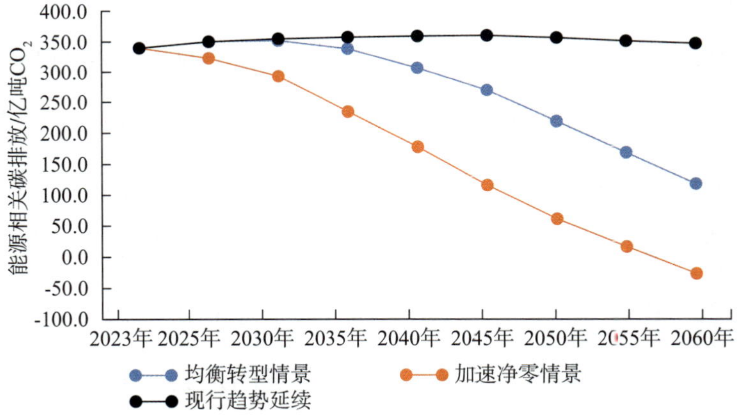

图3.10 两组情景与现行趋势延续的能源燃烧相关碳排放对比

3.5 化石能源

在全球能源转型的大势下，煤炭、石油、天然气等传统化石能源一方面发挥着保障能源安全的“压舱石”作用，另一方面又需要朝清洁化、低碳化方向发展，其定位和作用将发生较大转变。传统化石能源的发展路径往哪走、怎么走成为全球能源转型的关键问题。

3.5.1 煤炭

煤炭转型的关键词是“退煤”和“改造”。在能源转型战略目标及政策导向下，未来煤炭消费达峰后逐步下降已是大势所趋。在近中期维持一定量的煤炭供应，保障发展中国家合理发展权利的前提下，未来将同步加快推动煤电灵活性改造和煤炭清洁利用改造，远期实现趋近退出。

1. 煤炭转型路径

煤炭消费整体接近饱和，煤电增长规模趋缓。由于可再生能源发电竞争力不断增强、全球共同应对气候变化等因素，全球煤炭消费增速放缓，增速从2000—2010年的年均4.4%下降到2023年的1.8%，已接近达峰平台期。大部分发达国家煤炭消费已进入下降阶段，煤炭消费比重持续降低。从消费领域看，电力、热力和工业燃烧是煤炭主要的利用方式，2023年全球用于发电制热和工业利用的煤炭消费占比分别超过煤炭消费总量的60%和20%。作为煤炭的最大消费领域，全球煤电新增装机呈下降趋势，2005—2010年、2011—2015年、2016—2020年，平均每年新增煤电装机分别为7400万千瓦、6300万千瓦和3100万千瓦。煤电发电量增长趋缓，增速从2000—2010年的3.8%下降到2011—2023年的2.0%，占总发电量比重从39%下降到35%以下[1]。

“退煤”共识在全球范围逐步加强。《格拉斯哥协议》要求各国逐步

[1] 全球能源监测，《繁荣与衰落——追踪全球燃煤电厂开发2023》，2023.

减少煤电。全球已有30余个国家和地区先后出台退煤政策，比利时、奥地利、瑞典已率先实现全面退煤。煤炭消费大国德国将完全退出煤电的时间由原来的2050年提前至2038年。英国和加拿大成立弃用煤电联盟，倡议欧盟和OECD国家2030年前、其他国家2050年前停止使用煤电，已有33个国家加入该联盟。部分国家和地区淘汰煤电的时间见图3.11。

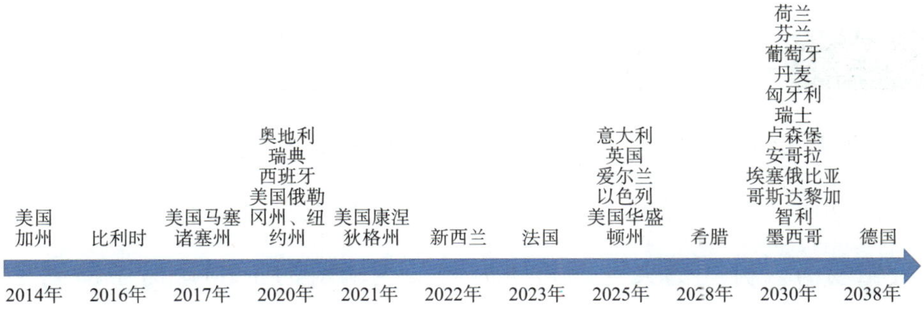

图3.11　部分国家和地区淘汰煤电时间

发展中国家现有大量新建煤炭基础设施，未来仍将形成较大煤炭消费及碳排放。发达国家方面，由于欧洲能源危机，短期内欧盟的煤炭消费提升，但长期看，投资者对煤炭行业尤其是煤电投资意愿不强，煤炭在发达国家的能源消费占比呈下降趋势。发展中国家方面，煤炭需求仍然处于较高水平，当前亚洲发展中国家的煤电平均运行时间不到15年，除非提前停运，否则因“碳锁定”效应，未来煤电在发展中国家仍将占据相当比例并造成大量排放。煤炭未来的转型退出进程在很大程度上取决于发展中国家的转型情况，但从保障发展空间、实现公正转型的角度看，发展中国家在未来仍需要保持一定比例的煤炭与煤电。

发展中国家削减煤炭的主要方向是煤电的转型改造。全球煤电并网规模在近10年间虽有增长，但煤电机组利用小时数却趋于下降。燃煤电厂平均利用率从2010年的57%降至2023年的50%以下。未来能源转型将推动煤电由电量型电源向电力型电源转变，更多煤电将作为调峰或备用电源使用，从而减少发电煤炭消耗。此外，燃煤发电有序转型改建为生物质能掺烧、燃气、耦合污泥发电、燃氢发电、新型储能电站等，最大限度利用现有电力资产，降低煤电资产搁浅风险。

专栏3.1 燃煤电厂的转型改造

燃煤电厂灵活性改造：煤电机组灵活性改造后最小出力低至15%~20%，德国为25%~30%。完善的电价机制是煤电灵活性改造的驱动力。丹麦的火电利用小时数从调峰前的5000小时下降到了调峰后的2500~3000小时，但调峰收入仍然确保了其可以获得合理的收益。

燃煤电厂生物质改造：生物质发电（特指固体生物质燃烧发电，不包含生物质热解气化发电）与传统燃煤发电设备较为相似，但由于生物质在燃烧过程中的特殊性，对所使用的燃烧锅炉具有较高的要求。目前，煤电进行生物质改造的技术已经很成熟，在欧洲已开始推广应用。当前，丹麦、芬兰和波兰的生物质改造燃煤机组发电量占总发电量的比例最大，分别为8%、6%、5%。英国Drax电厂走在世界燃煤电厂生物质改造的前沿。2013年开始逐步将其6台66万千瓦机组中的4台转为生物质机组，并配备相应的生物质给料系统。Drax电厂的生物质耦合经历了5%示范（按热量输入计）、10%推广、60%实验和100%领导4个阶段。也正是从2013年开始，英国煤电发电量达峰，占比由40%逐年下降至目前的3%，生物质发电量占比提升至13%。目前Drax年生物质发电量可达137亿千瓦·时，年使用木质颗粒燃料约1300万立方米。

燃煤电厂耦合污泥发电：中国珞璜电厂依托高效且污染物超低排放的煤电机组，实现污泥全程密闭、干化焚烧发电，干化产生的水蒸气进行冷凝回收再利用，恶臭污染物送入电厂锅炉进行高温分解，具有投资低、运行成本低、全过程无污染物外泄的比较优势。项目一期工程投产后，每年可处置污泥20万吨，占中国重庆市污泥生成总量的近1/3，增加生物质电量4900万千瓦·时，增加对外供热约17.4万吨，为电厂带来综合效益超千万元。同时，该项目节能降耗成效显著，每年可节约1.48万吨标准煤，减少二氧化碳排放4.14万吨，有效解决重庆市污泥处置缺口，破解污泥垃圾围城的社会治理难题。

煤炭领域的碳捕集与清洁利用技术将逐步普及，成为剩余煤炭消除污染物和碳排放主要方式。煤炭燃烧后，除了排放二氧化碳外，烟气中还含有大量空气污染物，造成严重环境影响。平均每吨标准煤的煤炭燃烧后排放二氧化硫和细颗粒物分别达到约7千克和1.4千克，分别是石油的1.7倍和1.3倍，是天然气的70倍和14倍。因此，煤炭未来转型过程中，留存的煤炭基础设施需要同时改造部署和普及降碳、减污两类技术。例如，采用湿法、干法等烟气脱硫技术移除二氧化硫，利用低氮燃烧、选择性催化还原法脱去氮氧化物，采用静电除尘等技术消烟除尘，同时利用碳捕集与封存技术减少二氧化碳排放。

2. 煤炭转型展望

能源转型推动煤炭于近期达峰，中期削减速度加快，远期实现近

零。均衡转型情景下，煤炭消费总量将于2030年前达峰，峰值约为59.3亿吨标准煤，2030年后呈明显下降趋势，远期2050年、2060年分别剩余约为30.3亿吨标准煤和12.0亿吨标准煤（图3.12）。从消费结构看，近中期煤电仍是煤炭消费主力，2030年发电、制热煤炭消费占消费总量的67.1%。2030年后大部分国家基本不再新增常规煤电，到2040年前存量煤电逐步实现转型改造，并加速普及配备碳捕集装置。全球煤炭发电量于2030年前仍有约10%的增长空间，其中亚洲与太平洋地区增长16%，是主要贡献者。煤电发电量于2030年进入达峰平台期，主要原因是2030年后中国、印度两国煤电分别一降一升，全球煤电发电总量维持在稳定水平。但由于发电效率的略微提升和终端煤炭的减少，一次能源中煤炭达峰时间将不晚于2030年。

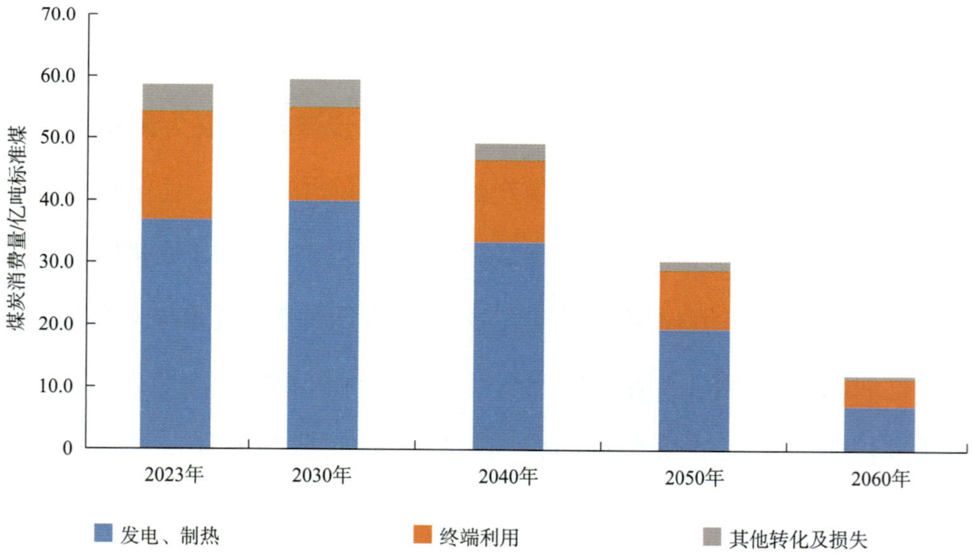

图3.12　均衡转型情景下煤炭消费总量与结构

加速净零路径对煤炭退出提出更加严苛的要求。在加速净零情景下，煤炭总量下降速度更快，主要体现在煤电的提前退出，要求各国当前基本不再新建常规煤电，加大老旧煤电机组退役力度，实现全球煤电装机2025年左右达峰，到2045年后基本实现发电煤炭消费净零。从终端部门煤炭消费看，电能、天然气以及氢能等新燃料需进一步加速替代工业、建筑等部门煤炭消费，大幅降低散烧煤及工业用煤，煤炭在终端部门的消费快速下降。同时，煤炭生产、加工、利用环节基础设施普及加装除硫脱氮及碳捕集装置。均衡转型情景与加速净零情景煤炭消费量对比见图3.13。

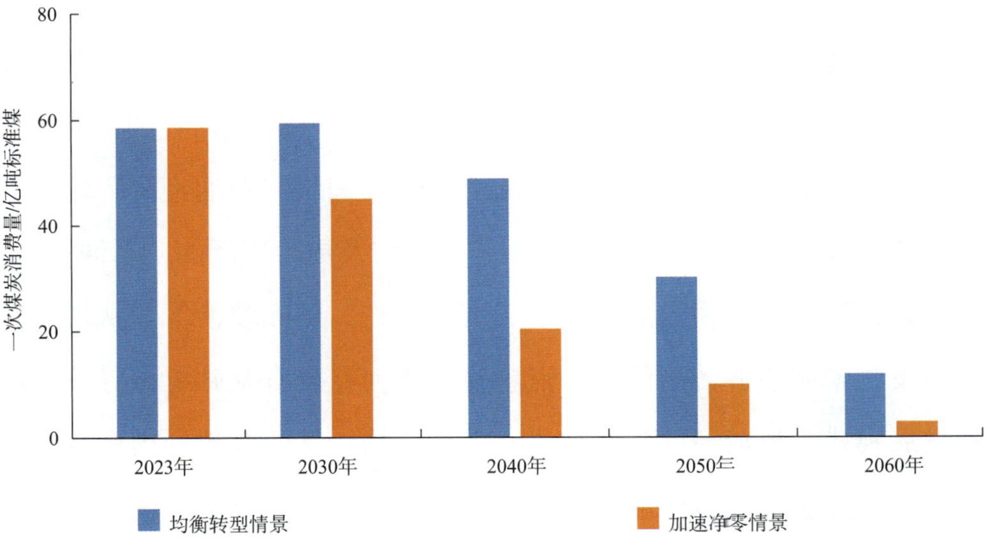

图3.13　两组情景一次煤炭消费量对比

3.5.2　石油

石油转型的关键词是"低碳化"和"原料化"。石油在未来一段时间内仍将保持全球能源消费的主体地位，但生产方式与消费结构将逐步调整。通过发挥石油在碳捕集与利用封存（CCUS）、非能利用等领域的独有优势，生产环节将石油开采和绿电、CCUS充分结合，消费环节工业原料、交通用油"一升一降"，实现从移动碳源到固定、易捕集碳源的转变，形成石油生产零碳低碳、原料用油支撑长期需求的转型路径。

1. 石油转型路径

当前全球经济社会对非油经济发展存在结构性制约，石油在相当长时间内仍将是全球能源的中心。从相当长一段历史时期至今，全球已经形成了相对稳定的石油生产、贸易和消费格局，全球经济贸易、基础设施建设、用能设备制造等领域和行业围绕石油建立，巨大的发展惯性使全球经济社会对石油相关产业已经形成路径依赖。2023年全球一次能源消费结构中，石油消费占比约29.1%，较第二位的煤炭高出约2.7个百分点，未来随着煤炭达峰后下降，中短期内石油在能源系统中的主体地位将更加凸显。当前全球不仅围绕“石油经济”建立了大量能源基础设施及产业链、供应链，还涉及更为广泛的“石油社会”问题，包括用能习惯、居民就业、贸易合作、国际政治等。从现实角度出发，未来能源转型的着力点应在于如何在现有基础上探寻石油的新发展模式，形成新的生产方式和消费结构，从而有效利用现有石油资产，保障全球及各国能源安全，推动能源系统乃至全社会安全稳健转型。

在生产方面，石油转型的主要方向是发展清洁低碳油田，从源头上控制石油生产相关排放。建设清洁低碳油田主要包括石油开采用能清洁化和对油田排放的碳汇两方面。一是通过可再生能源发电为油田提供清洁电力，减少因石油生产用电造成的间接排放。二是发展部署CCUS技术。石油开采能够为CCUS技术提供极佳的应用场景，形成碳捕集与驱油封存（Carbon Capture, Utilization and Storage-Enhanced Oil Recovery，CCUS-EOR），先通过捕集过程将油田生产排放的二氧化碳收集并分离出来，然后将分离出的二氧化碳注入油田中，注入的二氧化碳将与原油混合，通过物理作用和化学反应，使原油膨胀、降低黏度、提高流动性，从而提高石油的采收率。

在交通能源消费方面，对石油的最大替代变革将主要体现在陆路交通领域。石油在交通领域主要面对的竞争来自电能，随着技术的进步和环保意识的提高，电动车（EV）正逐渐成为主流。这一变革的核心在于减少对石油的依赖，转而使用电力作为动力源。电动汽车的普及将极大地降低对石油的需求，同时也减少尾气排放，改善空气质量。此外，氢燃料电池汽车（FCEV）是一种使用氢气和氧气在燃料电池中产生电能的汽车。这种技术具有高效、零排放的特点，是未来可持续交通的重要方向。随着氢燃料电池技术的突破和基础设施的完善，氢燃料电池汽车有望在陆路交通领域发挥更大作用，进一步减少对石油的依赖。

专栏3.2 部分国家和地区禁售燃油车政策

欧盟在“Fit for 55”计划中就航空燃料、汽车替代燃料等出台新规，提出2030年新注册燃油车比2021年减少55%、2035年实质性禁售燃油车、2030年电动车和充电站分别达到3000万辆和350万座的发展目标。美国加利福尼亚州立法提出到2030年石油使用量减少一半。法国为低排放车辆的购买方提供奖励和补贴，以期实现2025年有50%的国家车辆、20%的地方车辆、100%的公共汽车和长途汽车为低排放车辆的目标，并为安装家用电动汽车充电站提供税收抵免。瑞典斯德哥尔摩在2015年制定了气候目标，承诺到2040年前实现无化石燃料，具体措施包括从私人交通转向公共交通，减少私家车的使用，促进更高效的货物运输，以及采用更高效的车辆、生物燃料和电动车辆。

在非能利用消费方面，石油的消费量与经济增长高度耦合，未来将呈逐年增长态势。化石能源除了用作燃料，还可以作为非能源使用，即作为原料或非能源使用的产品，经过物理或化学加工转换为其他产品，如塑料、纤维、润滑剂等化工品。当前，化石能源的非能源利用主要集中于石油化工行业，为其提供重要的生产原料，且形成的石油消费逐年增长。2010—2022年，全球非能利用的石油从3.76亿吨提高到7.8亿吨，年均增速达到6.3%。未来随着人口增长，居民生活水平提高，塑料、纤维等化工产品的需求不断增加，其中发展中国家的消费增长是主要推动力。全球汽车消费提升推动炭黑需求快速增长，沥青、润滑油的需求增长与经济增长基本同步。

2. 石油转型展望

从供给侧看，全球石油供应格局相对稳定，中东和北美洲地区是主要供应来源，未来中东地区石油产量占比有望进一步提升。由于极好的油气资源禀赋和较低的生产成本，中东和北美洲地区成为全球石油供应“双中心”，未来仍将长期保持中心地位。其中，中东地区在油气领域的持续投资将进一步加强其在全球石油市场的主导地位，未来随着北美洲、中南美洲等地区石油产量回落，中东地区的低成本资源优势逐渐明显，产量占比不断提升，到2060年有望超过40%。

从消费侧看，能源转型推动石油于近中期达峰，中远期逐步下降但仍保持一定规模。均衡转型情景下，石油消费总量将于2030年左右达峰，峰值约为46.6亿吨。2030年后呈逐年下降趋势，2035年后下降趋势加快，到2060年降至27.1亿吨（图3.14），主要原因是石油在交通领域的逐步削减以及能源利用效率提升。终端部门是石油消费的主要领域，到2030年、2060年分别占石油总消费量的90.8%和93.6%。由于可再生能源在发电部门对石油的逐步替代，全球尤其是中东地区的石油发电逐步减少，2050年后石油发电趋近退出。到2060年，石油在终端部门的消费量仍保有约25.4亿吨，主要消费领域包括工业、航空航运等。

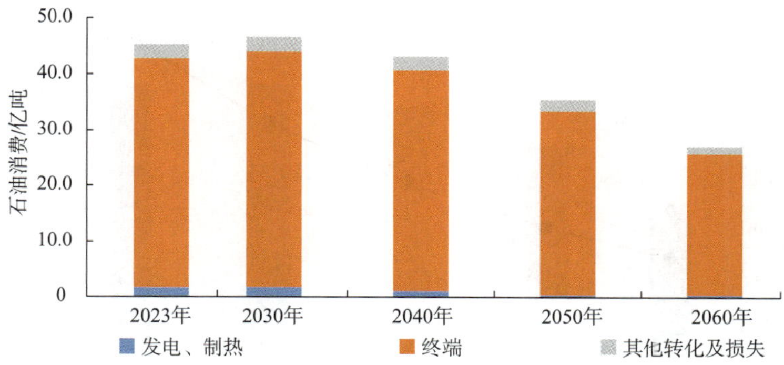

图3.14 均衡转型情景石油消费总量与结构

从消费结构看，非能利用的石油消费占比不断上升，逐步替代交通部门成为石油消费的主阵地。均衡转型情景下，石油在非能利用领域消费量呈快速上升趋势，远期增速逐渐放缓，到2030年、2060年分别达到9.0亿吨、11.5亿吨左右。随着石油在非能利用领域消费量上升及在交通部门的削减，非能利用石油占总消费量的比例在近中期加速提升，到2030年占石油消费总量的19.4%，远期超过交通部门，成为石油消费最大领域，到2060年占比持续上升至42.4%（图3.15）。

加速净零路径要求充分发掘电、氢、生物质能等能源在终端部门对石油的替代潜力。加速净零情景下，一次石油消费总量即刻达峰，随后呈下降趋势。加速净零路径主要体现在终端石油消费尤其是交通部门消费的加速下降，到2030年、2060年石油消费分别下降至41.8亿吨和7.6亿吨（图3.16），这就要求电、氢、生物质能对石油进行深度替代，包括全球普及与严格执行燃油车禁售相关规定，进一步加快电动车、氢燃料电池车发展，推动陆路交通用油完全净零，并在航空航运、工业等领域加快发展形成基于电、氢、生物燃料为主的能源利用体系。如若碳循环利用等技术取得突破性进展和普及，远期石油消费或可有更多应用潜力。

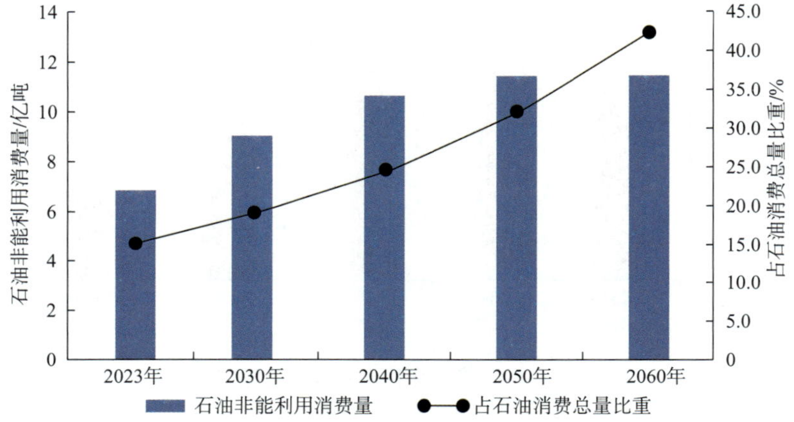

图3.15 均衡转型情景石油非能利用消费

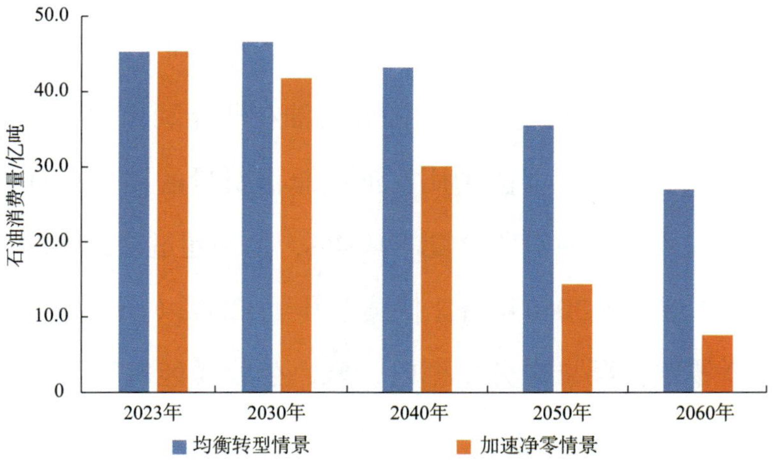

图3.16 两组情景石油消费量对比

3.5.3 天然气

天然气转型的关键词是“过渡”和“支撑”。由于地缘政治问题引发的全球天然气危机，天然气供给的安全性、稳定性和经济性问题已经受到能源政策制定者的广泛关注。在当前全球部分地区能源危机的背景下，政策制定者着力于保障本国能源安全，其本质都是提高能源供给的自主性和灵活性，如加大风电、光伏和储能设施投资力度，发展煤电机组耦合储能系统，甚至增加核电利用。对比危机之前，天然气的“竞争者”增加了，但从能源利用的效率、灵活便利等方面看，天然气具有自身优势，未来在工业、电力、建筑等部门将发挥重要的过渡和支撑作用。

1. 天然气转型路径

受地缘政治以及新能源的竞争影响，天然气消费呈整体增长趋势但增速放缓。过去十几年，天然气在燃料转换过程中为减缓全球碳排放增长、改善区域内环境污染等做出了突出贡献。但是，由于全球天然气主要生产与消费存在地理空间上的错位，天然气行业发展不可避免地面临来自地缘政治冲突和能源价格波动、能源安全和供应稳定等方面的挑战，这对可再生能源的加速发展起到进一步助推作用。全球天然气消费增速从2000—2010年的平均2.8%下降到2019—2023年的平均0.6%，未来天然气消费仍有一定增长空间。天然气被更加广泛地应用于工业、建筑等终端部门和发电及供热部门，2023年全球用于工业和建筑部门的天然气消费占比分别为19.1%和14.5%，用于发电和供热的天然气消费占比为39.3%。随着可再生技术的进步及其广泛应用，天然气行业也在积极寻求创新和变革，加大与间歇性可再生能源结合使用以提高能源利用效率并降低碳排放。

从供给侧看，全球液化天然气（Liquefied Natural Gas，LNG）供应变化趋势明确中夹杂着变数，卡塔尔、美国和澳大利亚是主要供应来源，变数主要在暂停LNG出口项目审批的美国、受制裁影响的俄罗斯及非洲地区。得益于“页岩气革命”的成功，美国在短短十余年内超越澳大利亚和卡塔尔，成为全球最大的LNG出口国。2023年，美国、澳大利亚和卡塔尔LNG出口量分别占全球贸易量的22%、20%和19%，长期看，美国保持领先地位但规模取决于其天然气上产稳产的可持续性及后续LNG出口项目审批政策，卡塔尔坚定发展LNG产业，而澳大利亚的发展潜力有限。俄罗斯原意图通过LNG项目扩大其在全球天然气市场上的份额，但西方制裁使其项目面临融资和缺乏LNG运输船的困境，除了当下直接受影响的北极2号项目，诺瓦泰克公司计划开发的鄂毕湾LNG项目（Obsky-LNG）、“北极-1”项目（Arctic LNG 1）和“北极-3”项目（Arctic LNG 3）等其他北极LNG项目，也可能受到制裁的影响。非洲LNG出口正处于快速发展阶段，具有极大的增长潜力，但同时面临地缘政治风险、本土天然气需求增长风险等。

专栏3.3 俄乌冲突后天然气发展不可避免被“折叠”

随着新冠疫情逐渐得到控制，全球经济飞速反弹，2021年能源市场即开始收紧。2022年2月俄乌冲突爆发之后，俄罗斯输往欧盟的管道天然气量急剧下降，为此欧盟采取了一系列政策应对眼前危机，包括增加其他管道气进口量和LNG进口量、削减天然气消耗、干预天然气价格、促进对可再生能源的大规模投资等。

2021年和2022年，欧洲15个国家热泵销量同比分别增长32%和38%[1]，这一增速大约是过去几年的2~4倍。2023年热泵销量同比下滑5%，尽管存在天然气价格下降致使经济吸引力下降的原因，但与连续两年的高速增长对照，这样的回调应该被理解。用户对于价格是敏感的，更长时期内，随着可再生能源占比的提高及其成本的下降，电力比天然气越来越具有经济吸引力。

由于欧盟大部分需求缺口转向LNG市场，全球天然气价格创下历史新高，部分市场的电价也因此涨至历史高位，许多国家都感受到过度依赖进口能源的危险。2022年9月，韩国公布《第10次电力供需基本计划》，计划到2036年将LNG在电力结构中的份额从2021年的近30%降至9.3%，减少的LNG份额将主要由核电和可再生发电代替，而在2020年的上一版本计划中还是用LNG发电替代煤电以及逐步减少核能发电。日本也正在实施类似的计划。

俄乌冲突为全球能源转型按下了“加速键”，“折叠”了天然气的发展进程。

在生产方面，天然气转型的主要方向是控制和减少甲烷排放或泄漏。甲烷（CH_4）是一种温室气体，本身的全球增温潜势（Global Warming Potential，GWP）在20年的时间范围内是CO_2的84倍，在100年的时间范围内是28倍。控制和减少天然气产业链中的甲烷排放或泄漏是提升天然气气候效益的关键。天然气产业链中甲烷的排放或泄漏主要有三个来源：一是油气开采和运输过程中逸散，二是LNG运输船蒸发气无法完全消耗，三是石油和天然气事故中泄漏。管控主要针对

[1] EHPA（2024）, Pump it down: why heat pump salesdropped in 2023, EHPA, Brussels.

可预见的前两个来源，可以通过生产过程管理和设备更新改造实现。

在工业能源消费方面，天然气的最大变革将主要体现在满足用能需求增长和替代燃煤。随着全球工业化进程推进，工业能源消费正在经历深刻变革。一方面，对于占世界人口绝大多数的发展中国家和不发达国家而言，制造业增长对其经济社会福祉具有显著影响，这需要能源消费增长予以支撑，在绿色低碳发展背景之下，相对清洁、高效的天然气具有应用潜力，与此同时，天然气勘探开发活动和LNG贸易的全球化，从供应端为增加天然气使用提供了条件。另一方面，燃煤在工业终端用能中尚占有绝对份额，而工业部门的电气化水平提升较难，需要高端技术的应用甚至技术的进一步突破，而在国家或者地区层面，更涉及工业内部结构的调整。当前处于工业化中期、后期的国家不同程度地存在工业生产带来的环境污染问题，特别是大量燃煤造成的废气和废固问题，相对清洁、高效的天然气具有现实应用意义。从更长期来看，随着全球经济发展与能源消费的进一步解耦脱钩，包括工业整体能效水平的提升以及电气化转型带来的可再生能源使用的增加，工业天然气消费将逐渐下降。

在建筑部门能源消费方面，天然气的发展主要从以清洁、便捷优势与燃煤竞争的阶段过渡到因经济性问题与电力竞争的阶段。在建筑能源领域，天然气主要被用于居民家庭取暖、炊事等生活活动，以及住宅和商业、公共服务类建筑供暖、提供餐饮等活动。未来世界人口增长将显著集中在发展中国家，随着这些国家经济社会发展及城市化，更多的人将因接入城镇输配气管网而使用上清洁和便捷的天然气，取代直接燃烧煤炭的用能方式。但是，随着生活电器的普及和可再生能源的快速发展，用电成本逐步下降，天然气将受到冲击。而在一些能源转型目标更加激进的国家和地区，建筑禁止使用天然气的政策已经开始实施或正在被讨论中，如德国经济部和建筑部修订《建筑能源法》，从2024年起禁止新建建筑中安装完全基于化石燃料的供暖系统，特别是天然气和石油供暖；美国拜登政府规定，从2030年开始，美国新的联邦政府建筑中将禁止使用化石燃料；欧盟成员国根据《欧洲绿色协议》采取了一系列措施以减少温室气体排放，包括在建筑领域推广能效提升和可再生能源使用，可能会限制新建筑中天然气的使用。另外，电力市场自由化、商业模式创新等其他因素也有助于可再生能源在建筑领域的利用。

在电力能源消费方面，天然气发挥灵活性调节作用将日益凸显。近几年，全球碳中和浪潮逐渐兴起，而煤电仍是全球第一大电力来源，其次是天然气。初步统计，截至2023年底，全球范围内为煤电设置淘汰日期的国家有35个，而没有明确淘汰日期但已设置净零目标的国家有22个，毫无疑问，未来三四十年左右的时间内，这些国家都必须逐渐减少煤电的使用，转而使用更加清洁低碳的电力来源。过去二三十年，天然气发电作为实现电力系统清洁低碳化的主要路径，在全球范围内得到了广泛发展。但自2010年以来，全球对可再生能源的持续政策支持使可再生发电逐渐赶超气电。当下可再生发电成本的迅速降低已经对气电形成挑战，很多国家风电、光伏电站的度电成本已经实现与新建燃煤、燃气电站的竞争。由于不同国家或地区的资源禀赋和经济基础存在差异，在迈向零碳社会的过程中选择的技术路径必然不同。在天然气资源较为丰富或者经济发达、能源转型基础较好的国家和地区，如欧盟国家、美国、日本、韩国、部分中东国家等，天然气发电规模几乎已经“见顶”，未来将为可再生能源让位，逐渐从基荷电源转向调峰电源。在天然气资源相对不充足或者电力需求增长仍然较快的发展中国家，面对能源转型的挑战，天然气发电规模还有一定发展空间，如中国、印度等，主要承担的作用是在控制或减少煤电的过程中满足用电需求，以及为间歇性可再生能源提供安全性补充，且随着可再生能源的发展，天然气发挥灵活性的调节作用将逐渐增强。

2. 天然气转型展望

从供给侧看，北美、中东和欧亚地区是主要供应来源，未来中东地区的供应占比有望增长。截至2023年，全球天然气已探明储量为212.5万亿立方米，储采比为52.5。天然气在全球各区域都有一定量分布，其中北美、中东、欧亚地区资源禀赋较好，生产成本较低。2030年前北美地区将持续维持全球第一大产气区地位，其后逐步下降，中东地区天然气产量不断增长，有望于2035年后超过北美成为第一大产气区，到2060年全球产气占比达到1/3。

从消费侧看，能源转型推动天然气于中期达峰，远期主要应用于终端部门。均衡转型情景下，天然气消费总量将于2040年左右达峰，峰值约为4.5万亿立方米，到2060年降至约3.9万亿立方米（图3.17），主要原因是中远期天然气在发电领域的逐步削减以及能源利用效率提升。终端部门是天然气消费的主要领域，2023年约占天然气消费总量的47.4%，该占比在近中期将略有下降，主要原因是天然气在发电部门的迅速增长，远期由于气电的逐步转型和天然气在终端的普及利用，占比逐步提升，2030年、2060年终端天然气消费分别占天然气消费总量的46.8%和62.2%。

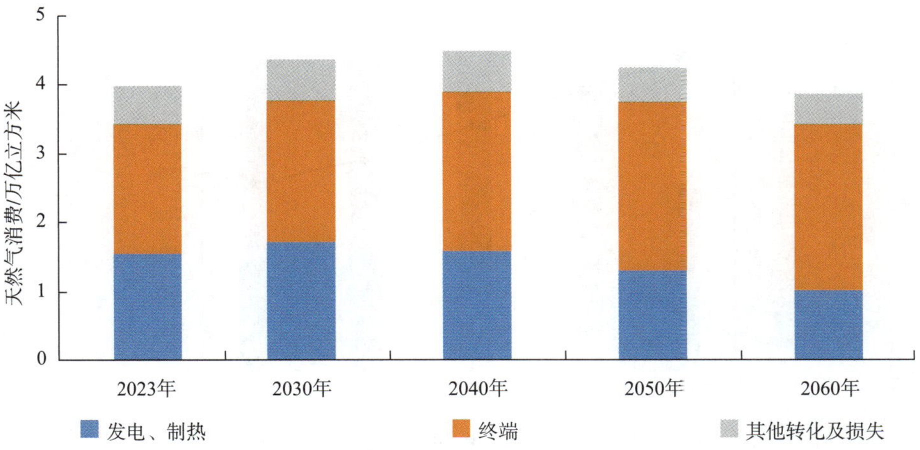

图3.17 均衡转型情景天然气消费总量与结构

天然气发电在近中期一定程度顶替煤电，中后期逐步转变为调峰或备用电源。均衡转型情景下，天然气发电装机及其发电量呈增长趋势，装机将于2045年左右达峰，峰值达到28.7亿千瓦，其后呈下降趋势，到2060年降至26.7亿千瓦。随着天然气发电的定位和作用逐步转变，更多的天然气机组成为调峰电源或备用电源，平均年利用小时数呈不断下降趋势，从2023年的4000小时左右分别降至2030年的3521小时和2060年的2358小时（图3.18）。

加速净零路径要求加快天然气达峰及下降速率。加速净零情景下，天然气消费总量于2030年左右达峰，峰值约4.1万亿立方米（图3.19），随后呈下降趋势，到2060年下降至约0.8万亿立方米，较均衡转型情景减少78.4%，主要依靠加快可再生能源及各类储能发展、建筑部门能源消费实现高度电气化，以及工业部门加快发展电、氢及生物质能来替代天然气。

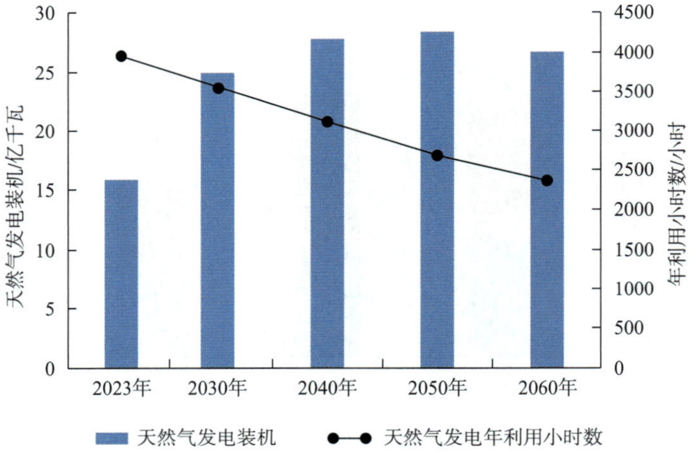

图3.18　均衡转型情景天然气发电装机及年利用小时数

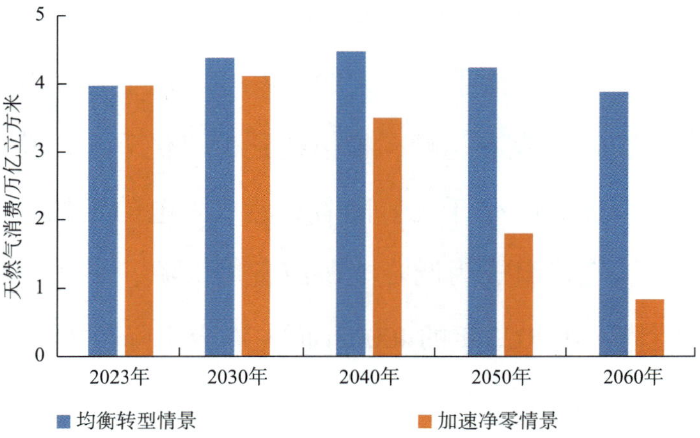

图3.19　两组情景天然气消费总量对比

3.6 非化石能源

大力推动非化石能源发展是实现能源转型和气候目标最主要的方式。当前非化石能源正值快速发展阶段，未来太阳能、风能、水能、核能、生物质能等品种能源将迎来更多发展机遇，但同时也面临用能安全、用能成本、环境效益等一系列需要关注和研究的问题。

3.6.1 太阳能与风能

太阳能、风能发展的关键词是“持续扩大”。在能源转型战略目标及政策导向下，太阳能、风能正在全球范围快速发展，未来也将继续扩大发展规模，到中远期将成为主力电源。同时，构建以太阳能、风能发电为主的电力系统，将对电力的安全稳定供应提出更高要求，同时也有望推动改变全球能源产业链、供应链的分布格局。

1. 太阳能、风能发展路径

太阳能、风能资源丰富，太阳能发电、风力发电已具备成本优势。全球太阳能、风能理论蕴藏量分别达到年均20亿亿千瓦·时、2000万亿千瓦·时，理论上能够满足1万个当前人类社会的电力需求，但全球各地太阳能、风能资源与负荷中心整体呈逆向分布，通常资源丰富的区域人口、产业分布较少，能源需求不高，而负荷集中的区域资源又较少，源荷不匹配等问题在全球范围普遍存在。例如，撒哈拉沙漠腹地、澳大利亚内陆等地区太阳能资源条件较好，极地高纬度地区风力资源条件较好，但这些地区与用电负荷中心距离较远，开发的经济性不佳。随着技术不断进步，近年来太阳能发电、风力发电成本已呈下降趋势，当前全球太阳能发电、风力发电平均度电成本分别约2.8美分、4.1美分，已较煤炭发电具有优势。

建立以太阳能、风能为主体的电力系统是未来能源转型的必然趋势。相较于能源部门中的其他领域，电力系统碳排放量占比大，加之其他部门的清洁化进程很大程度取决于能否使用清洁、廉价的电力，因此能源转型进程首要受电力部门转型脱碳影响。从净零方式来看，考虑到化石能源配备碳捕集的发电方式在短期内尚不具备大规模应用基础，太阳能、风能等可再生能源发电以其充足的资源量和低廉的成本优势，成为零碳低碳电力系统中主力电源的首选。

太阳能发电、风力发电等是典型的气象依赖型电源，未来大规模发展对电力系统安全保供提出更高要求，需要扩大备用容量，实现更大范围电源出力的互补互济。在以化石能源为主的传统电力系统中，天气一般只影响用电需求，而在可再生能源占比尤其是风、光占比逐步提高的电力系统中，极端天气不仅导致用电需求爆发式增长且持续处于高位，还会造成供电能力下降、输送电力中断，电力缺口呈现倍增的情况。风能、太阳能等可再生能源主要依靠气象要素发电，“极热无风、极寒少光”等特点使得风电、太阳能发电往往在电力需求飙升时发电出力大幅减弱，引起电力系统短期能量供应不足。因此，未来能源转型将因地制宜扩大备用电源部署，统筹考虑适应各类天气影响的充足备用容量，强化应急保障能力。

专栏3.4 全球各地极端天气造成的停电事故

据统计，1965年至2023年全球共发生207次大停电事故，其中天气因素诱发的大停电事故超过90次[1]。2000年以来，极端天气诱发的大停电事故频次显著增加，许多大停电事故主要诱因都与异常天气或气象要素变化有关。例如，2004年7月希腊雅典遭遇高温天气，制冷负荷飙升，运行机构应对缓慢导致线路超负荷，引发连锁停电

[1] 统计数据基于 wikimili 数据库（https://wikimili.com/en/List_of_major_power_outages）。

事故，造成雅典城区近3/4的地区断电。2021年2月美国得克萨斯州遭遇寒潮，天然气井口、供气管道冻结导致天然气产量下降，风机叶片结冰导致风电出力不足，影响450万人用电。

从国别来看，美国、加拿大、澳大利亚、法国等国是全球发生与极端天气相关大停电次数最多的国家。自1965年以来，美国共发生53次与极端天气相关的大停电事故，加拿大14次，澳大利亚8次，法国3次。风光出力不足、极端天气事件增多、基础设施韧性不足、电力运行工况复杂是这些国家大停电事故频发的主要原因。1965—2022年各国极端天气诱发的大停电次数见图3.20。

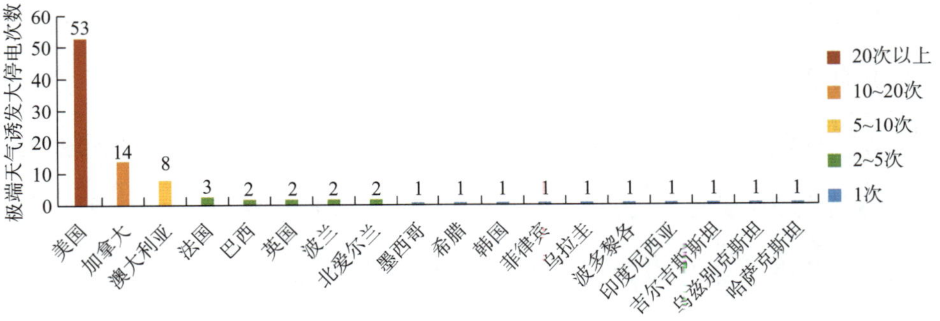

图3.20 1965—2022年各国极端天气诱发的大停电次数

太阳能发电、风力发电发展主要受风光资源、关键矿产资源和产业技术因素三方面影响，全球成本形成较大差异，其未来的快速发展有望改变当前全球能源供应链格局。从资源禀赋看，风能最佳地区主要分布在东亚、东南亚、中亚及美洲的30° S—30° N地区；太阳能资源最佳的地区主要集中在赤道附近的南北回归线之间，包括非洲北部撒哈拉地区、非洲大陆的东侧及南部、澳大利亚及中国的西北地区。从原材料供应来看，太阳能发电、风力发电的快速发展推动关键矿产的需求激增，但大部分关键矿产来源地较为单一。以锂、钴为例，澳大利亚和智利供应全球80%的锂，刚果（金）供应全球64%的钴。从产业技术来看，德国、丹麦、美国等发达国家技术领先，中国是全球最大的光伏产品制造国，拥有完整的光伏产业链。此外，未来全球各地光伏、风电开发成本还受土地价格、劳动力成本、税收与补贴等因素影响，形成全球差异化的开发成本。

专栏3.5 关键矿产价格影响与贸易博弈

关键矿产价格上升将推高能源转型成本。2020年以来，在动力电池等能源低碳技术快速发展的驱动下，锂价上涨超过10倍；铜价自2011年以来首次突破1万美元/吨。短期看，关键矿产价格呈持续波动态势。硅料价格从2021年1月的9万元/吨增至2022年10月的30万元/吨，造成光伏组件成本上升超过40%，多家光伏组件制造商集中减产，影响投资和生产积极性。长期看，以锂、钴、镍为代表的关键矿产资源价格将整体上升并维持高位，从而使可再生能源发供电成本下降受限。

全球关键矿产资源贸易博弈激烈。一是供应集中度过高造成垄断风险。刚果（金）颁布新法，要求境内所有钴矿石开采、加工、出口都必须通过唯一的国有钴业公司进行，尝试建立钴行业的垄断地位并最终拥有定价权。二是多国形成同盟，争夺全球资源控制权。美国、刚果（金）等国联合发布《能源资源治理倡议》，保障自身供应安全的同时提升对全球关键矿产资源的话语权和控制力。日本与美国在稀土供应链上建立“矿产安全伙伴关系”，寻求减少对中国的依赖。

2. 太阳能、风能发展展望

太阳能、风力发电成本将持续下降，发电效率不断提升。到2030年，光伏发电的晶硅电池组件转换效率有望达到25%，平均度电成本将从2023年的4.8美分降至3.5美分左右，其中中国、印度、中东国家成本较低。光热发电储热效率2030年有望提高到90%左右，发电效率达到50%，平均度电成本有望从2023年的11美分降至8美分。陆上风机2030年平均单机容量超过4兆瓦，平均风轮直径有望达到150米，平均度电成本从2023年的3.7美分降至3.2美分左右。海上风机平均单机容量超过10兆瓦，平均风轮直径有望达到180米，平均度电成本将从2023年的7.8美分降至5.7美分左右。

太阳能、风力发电装机持续呈快速增长态势。均衡转型情景下，太阳能、风力发电装机快速增长，两者在2030年前的增长率都将持续保持在10%以上，到2030年分别达到37.7亿千瓦和22.4亿千瓦。其后仍保持较高速增长水平，到2040年分别达到77.8亿千瓦和45.7亿千瓦。中远期增速逐渐放缓，2060年分别达到122.7亿千瓦和78.6亿千瓦，见图3.21。

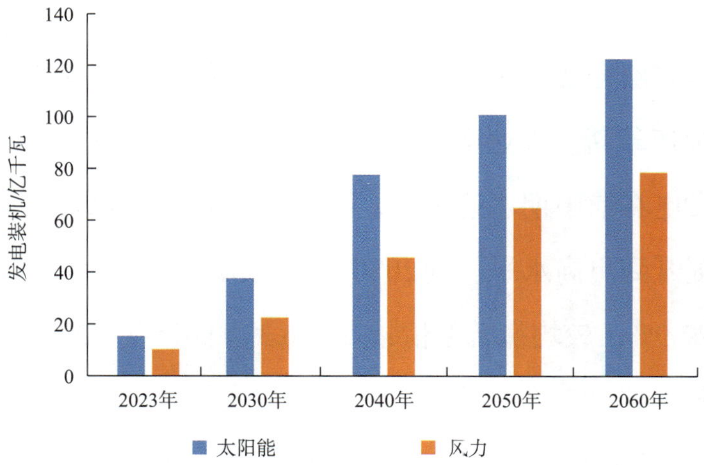

图3.21　均衡转型情景太阳能发电装机和风力发电装机

太阳能、风力发电量不断攀升，中远期成为主力电源。均衡转型情景下，到2030年，太阳能、风力发电量分别达到3.9万亿千瓦·时、4.6万亿千瓦·时，分别占总发电量的9.9%、11.7%。太阳能、风力发电量都将于2045年前超过煤电，分别达到10.1万亿千瓦·时和11.8万亿千瓦·时，成为前两大电源。远期2060年太阳能、风力发电量分别增至15.7万亿千瓦·时、18.0万亿千瓦·时，分别占总发电量的27.7%、31.7%，见图3.22。

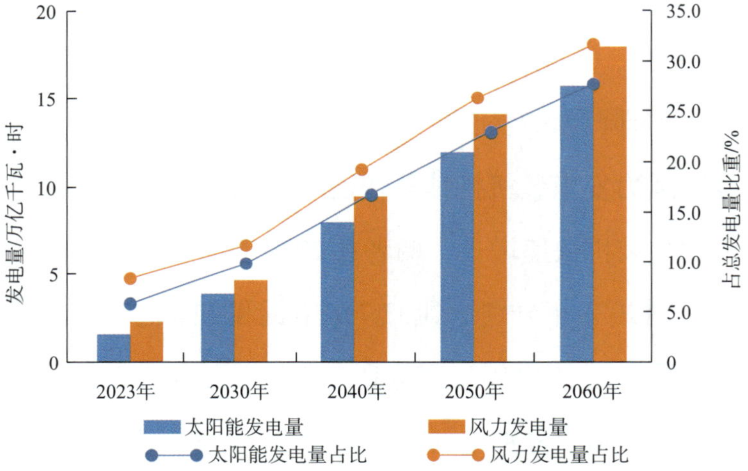

图3.22　均衡转型情景太阳能发电量和风力发电量及其占比

加速净零路径要求进一步提升太阳能、风力发电量占比，实现电力系统的加速革新。加速净零情景下，化石能源发电加速削减，太阳能、风力发电在前中期增速更快，在2040年前持续保持高速增长，发电量占比提升到更高水平。到2030年，光伏与光热、风力发电量合计占比达到27.9%，较均衡转型情景提升6.3个百分点，2035年前即成为前两大电源。到2050年，太阳能、风力发电量合计占总发电量比例增至57.4%，较均衡转型情景提升8.6个百分点。到2060年，太阳能、风力发电量合计占比进一步增至62.5%（图3.23）。

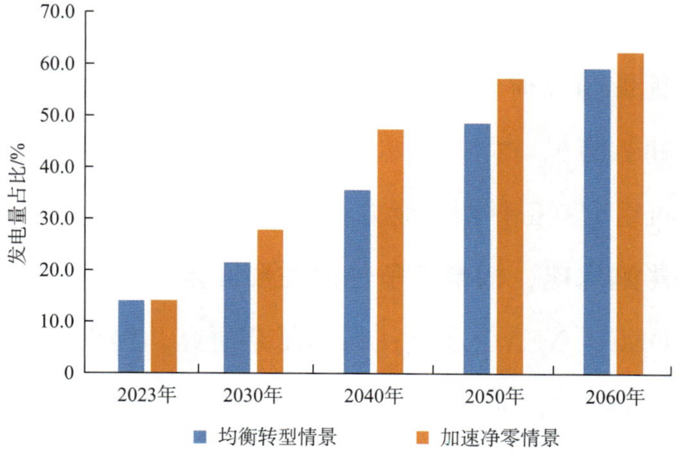

图3.23 两组情景太阳能、风力发电量合计占总发电量比例

3.6.2 水能与核能

水能、核能发展的关键词是“科学适度开发”。水电、核电在运行过程中不产生碳排放，并且既可作为基荷电源应用，也具备一定调峰能力，是实现碳减排与保障电力供应安全行之有效的方式。但由于核电事故、核废水排放等重大安全隐患及对环境影响，核电发展饱受争议，大型水电也因对生态环境的影响存在一定争议。未来核电、水电规模呈稳定扩大趋势，受限于安全与技术成本问题，发展速度相较太阳能、风能缓慢。

1. 水能、核能发展路径

水电、核电是稳定、高效的能源形式，在保障能源安全和低碳转型中具有重要作用。当前水力发电量、核能发电量所占比例超过世界电力供应的24%，是世界能源供应体系中的重要组成部分。发展水电、核电是推动能源低碳化转型的重要选项，随着风、光等清洁能源快速发展，电网抵御严重事故能力面临更高要求，迫切需要稳定的基荷电源与间歇性波动性电源互补发展，水电、核电作为清洁低碳基荷电源，有利于改善能源与负荷分布结构，对优化能源整体布局、保障能源供应安全具有重要意义。此外，水电、核电还具备调峰能力，例如法国大多数核电机组均具备日调峰能力。

成本是影响水电、核电竞争性的主要因素。经济合作与发展组织核能机构（OECD-NEA）通过一系列复杂研究，提出了降低核电工程投资并使其仍具有竞争性的方法，包括扩大单机容量、同一机型批量建设、标准化设计和系列化建设、学习效应、设计简化以及认证过程的可预见性。但是核电工程投资并没有预期下降，在一些非亚洲国家，核电工程投资呈直线上升趋势。而水电主要是建设成本较高，需要建设水库、水坝等设施，投资金额较大，但一旦建成，由于水资源本身不存在成本问题，其后期的运营成本相对较低。

能源安全与环境安全的权衡影响各国对发展核电的态度。核电作为一种稳定、高效的能源形式，具有不受季节和天气条件限制的特点，能够为国家提供持续的电力供应。因此，从能源安全的角度来看，发展核电对于保障国家能源供应的稳定性具有重要意义。然而，核电的发展也面临着一些挑战和风险。一方面，核能的开发和利用需要高度的技术和管理水平，一旦出现安全事故，后果将不堪设想。历史上的一些核事故给人类带来了巨大的灾难和损失，使得一些国家在发展核电时更加谨慎。另一方面，核废料的处理和处置也是一个全球性的难题。核废料具有放射性，对人类和环境构成长期威胁，其处理和处置需要耗费大量的资源和资金。在能源安全与环境安全的两方面权衡之下，各国对于核电的态度存在差异。例如，法国作为核电大国，其核电占比高达70%以上，为国家提供了稳定的电力供应。

同时，法国在核电技术和管理方面也积累了丰富的经验，确保核电安全运营。而德国对发展核电持谨慎态度，在日本福岛核事故后宣布逐步退出核电领域。

专栏3.6　核电发展踟蹰前行

德国是主张弃核的代表，除了历史原因和政治因素外，运营商也不愿重启核电站。因为运营商不信任政府，如果重启核电站，他们需要得到核电仍在德国合法的有效政治保证，并且保证此政策不会被取消，一旦政策被取消，将会给运营商带来很严重的损失。同时，民众对核电态度有较大差异，2022年1月，德国的一项民意调查结果显示，当被问及“您觉得最后一座德国核电站应该如期于2022年底关停吗？”时，有38.8%的受访者答“当然不应该关停”，16.9%的人答“不太应该”，与此同时，有29.2%的人回答“当然应该关停”，9%的人答“比较支持关停”。2023年4月，德国关闭最后三座核电站，这也意味着德国正式告别“核电时代”。

日本福岛核事故后，日本政府关闭了境内54座核反应堆，日本核电发电量占比仅约为4%。但由于能源短缺，日本重启核电呼声越来越高，日本经济产业省发布的《清洁能源战略中期报告》明确指出，应将核电与清洁能源作为重要电力来源持续使用，日本政府希望到2030年核电在能源结构中占比上升至22%。尽管日本出现重新拥核的倾向，但相关能源政策出台缓慢，当前的发展方向是在安全为首的原则下推动重启现有核反应堆，但应尽可能减少对核电的依赖，增加可再生能源的使用。

法国是坚定重新拥核的代表，其核电政策在新建核电机组和旧核电机组延寿两方面都发生了大转向。法国提出将从2028年开始新建6台EPR2机组，首台机组计划在2035年前投运，并在此基础上再新建8台机组，到2050年实现新增核电装机容量2500万千瓦。

2. 水能、核能发展展望

水电装机规模稳步提升，核电装机规模提升相对缓慢。均衡转型情景下，水电、核电装机持续增长，其中水电装机容量到2030年、2060年分别达到15.2亿千瓦和20.6亿千瓦，2023—2060年的年均增长率约为1.0%，其中2040年前增速略快，约为1.2%，远期2050年后资源开发逐步饱和，2050—2060年的年均增速下降至0.7%。2023—2060年核电装机年均增长率约为1.9%，到2030年、2060年装机容量分别达到5.6亿千瓦和7.5亿千瓦（图3.24）。

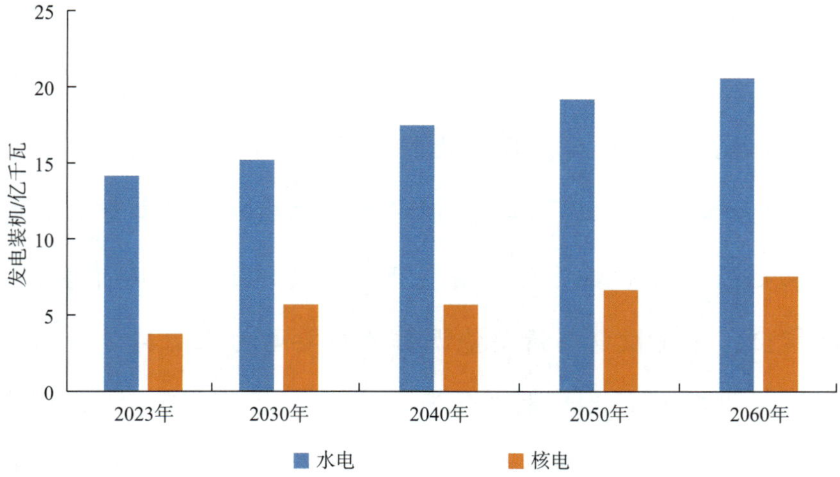

图3.24　均衡转型情景水电、核电发电装机容量

水电、核电发电量稳步提升，但发电量占比在近中期呈下降趋势。均衡转型情景下，到2030年、2060年，水电发电量将分别达到5.2万亿千瓦·时、7.0万亿千瓦·时，核电发电量将分别达到3.2万亿千瓦·时、5.2万亿千瓦·时。由于光伏、风电等非水可再生能源的快速增长推动总发电量飙升，水电、核电发电量占总发电量的比重在近中期将有所下降，水电发电量占比从2023年的15.1%左右下降至2030年的13.1%，中远期随着光伏、风电增速下降，水电发电量占比维持稳定。核电发电量占比从2023年的9.3%左右减少至2030年的8.2%和2040年的8.0%，中远期逐步回升（图3.25）。

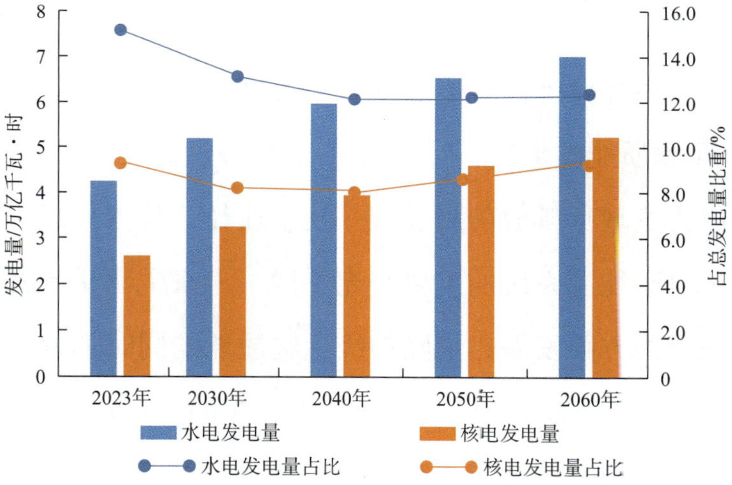

图3.25 均衡转型情景水电、核电发电量及其占比

加速净零路径要求深度挖掘水电发展潜力。加速净零情景下，水电实现进一步加速发展，在充分发展水电大基地的基础上，进一步挖掘小水电、抽水蓄能发展潜力，到2030年水电发电量达到约6.4万亿千瓦·时，较均衡转型情景提升23.1%；到2050年进一步提升至10.8万亿千瓦·时，较均衡转型情景提升65.3%；远期2050年后资源开发逐步饱和，发电量趋于稳定，见图3.26。

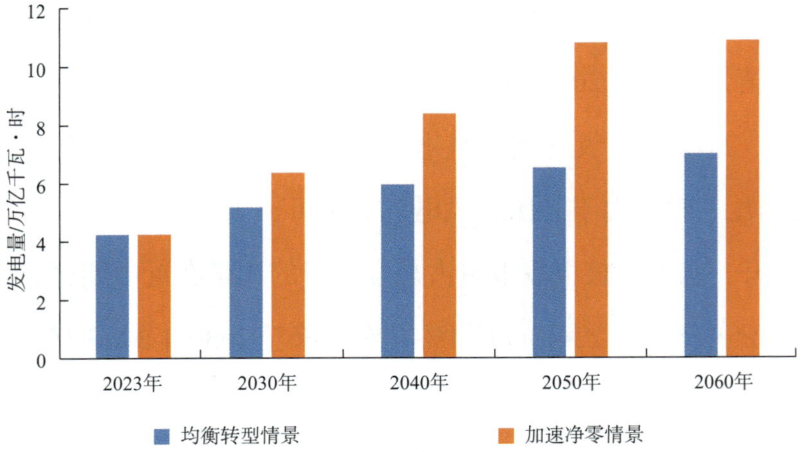

图3.26　两组情景水电发电量

3.6.3　生物质能与其他能源

生物质能与其他可再生能源发展的关键词是“广泛应用”和“补充减排”。生物质能的生产、转化和应用范围较为广泛，通过结合碳捕集技术，成为实现负排放的当前唯一技术途径，是挖掘减排潜力、实现零碳乃至负碳能源系统的重要补充手段。未来生物质能将朝规模扩大和结构调整两方面发展，消除初级生物质能的同时加速现代生物质能发展，中远期生物质碳捕集与封存（Bio-Energy with Carbon Capture and Storage，BECCS）实现规模化应用。

1. 生物质能与其他能源发展路径

生物质能应用广泛，并能够提供碳汇效应，是实现碳排放净零必不可少的能源。生物质能由植物通过光合作用将二氧化碳和水合成产生，燃烧生成二氧化碳和水，形成二氧化碳的循环。生物质能是全生命周期零碳排放的能源。现代生物质燃料是通过先进生物质转换技术生产出固体、液体、气体等高品位的燃料，利用方式多样。生物质可直接燃烧应用于炊事、室内取暖、工业过程、发电、热电联产等，也可通过热化学转换形成生物质可燃气、木炭、化工产品、液体燃料等，分别用于替换天然气、煤炭以及交通燃油。生物质可通过生物转换，依靠微生物、酶的作用，生产出燃料乙醇、沼气等，燃料乙醇可与汽柴油混合使用，沼气广泛用于居民生活、发电以及农业供能。生物质的其他转换包括固体压缩成型，提高能源密度，可以高效直接利用或进一步加工成生物炭替代煤炭。生物质燃料与CCS联合应用，形成BECCS（图3.27），具备负排放能力，是实现能源排放中和的重要技术方案。

当前许多发展中国家仍使用大量初级生物质能，未来将逐步转型。将薪柴、秸秆等未经加工的初级生物质能作为能源来源，具有易获取、成本低廉的优点，因此在许多发展中国家得到了广泛应用。但薪柴、秸秆等燃烧后会产生大量的烟尘和有害气体，对空气质量造成严重影响，加剧了环境污染问题；并且，这种能源的使用效率低下，无法满足日益增长的能源需求。未来将逐步减少初级生物质能的使用，并通过改进生物质能的利用方式，提高能源使用效率。例如，通过生物质气化、液化，将生物质转化为更为高效、清洁的能源形式。

经济竞争力不强是生物质能发展的最大制约因素，未来主要应用于工业、发电等。生物质固体成型燃料经济性已经近煤炭，单位热值固态燃料成本约为煤炭的1.2倍，而生物乙醇和生物柴油成本分别约为60美元/桶、95美元/桶（以原油热值进行换算），与原油相比无优势。生物质气体燃料已在欧美发达地区的热电联产机组中广泛采用，平均度电成本约6美分，预计近中期经济性弱于水电、煤电，中长期弱于风光电源，应用规模有限。生物甲烷已在欧洲等地区初步商业化发展，未来有望替代一部分天然气，在工业部门形成一定应用规模。

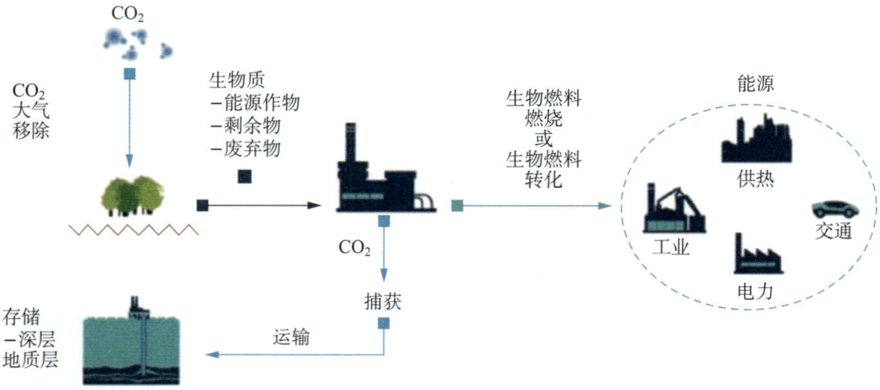

图3.27 BECCS技术示意图[1]

能源转型和碳减排背景下地热能、潮汐能等其他可再生能源将取得更大发展机遇。其他可再生能源主要包括地热能、潮汐能等，其中地热能主要用于发电和供暖，其中地热发电是利用地下热水和蒸汽为动力源的一种新型发电技术，全球地热能发电装机容量在过去几年中稳步增长，从2013年的约10800兆瓦提升至2023年的约14800兆瓦。潮汐能是月球和太阳对地球的引力作用而产生的能量，这种能量以潮汐的形式出现。潮汐能主要用于发电，在英国、法国、加拿大等国家发展较好。尽管全球地热能和潮汐能发展取得了一定进展，但仍面临开发成本较高、资源与技术限制等挑战。随着技术的进步和成本的下降，地热能、潮汐能的开发和利用将变得更加经济可行。同时，全球对可再生能源需求的增长和对碳排放的严控，将为地热能和潮汐能发展提供更多机会。

2. 生物质能与其他能源发展展望

生物质能消费快速提升，结构同步调整，其他可再生能源稳步提

[1] GCCSI,Bioenergy and Carbon Capture and Storage, Sydney: Global CCS Institute, 2019.

升。均衡转型情景下，到2030年、2060年，生物质能消费量分别达到11.2亿吨标准煤[1]和17.1亿吨标准煤（图3.28），2023年至2060年年均增速1.5%。生物质能的发展不仅包括消费规模不断扩大，还包括结构的调整。其中，终端部门的生物质能消费量加速增长，更多生物质能经过精加工后使用，加工过程造成的损失比例增加。发电生物质能消费稳步提升，到2030年、2060年分别达到3.4亿吨标准煤和5.1亿吨标准煤。到2030年、2060年，地热、潮汐能等其他可再生能源将分别提升至约0.5亿吨标准煤、0.8亿吨标准煤，分别占一次能源的比重为0.2%和0.3%。

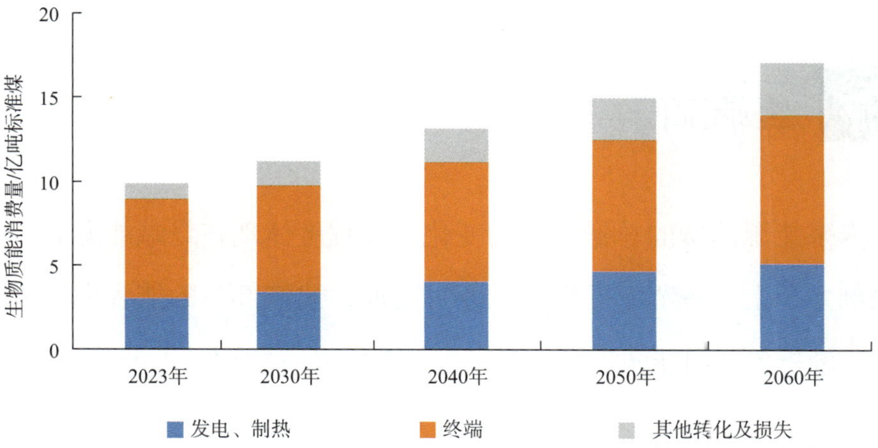

图3.28 均衡转型情景生物质能消费总量与结构

加速净零路径要求进一步提升生物质能消费量，为BECCS规模化发展提供先决条件。加速净零情景下，能源部门的碳汇需求更大，要求加速发展生物质能源，到2030年生物质能消费量达到13.9亿吨标准煤，相较均衡转型情景高出23.9%。远期2050年、2060年生物质能消费量分别达到23.6亿吨标准煤和26.6亿吨标准煤，相较均衡转型情景分别高出58.0%和55.9%（图3.29）。

---

❶ 不含薪柴、秸秆等初级生物质能，下同。

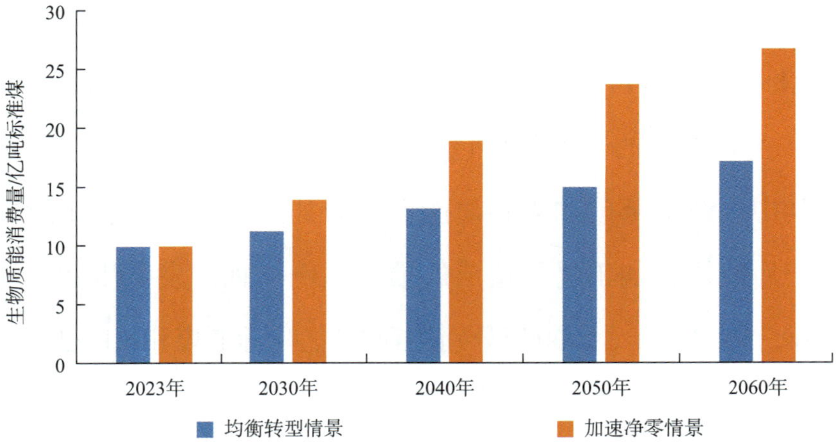

图3.29　两组情景生物质能消费量

3.7 终端部门

未来能源消费的总量与结构变化很大程度体现在终端能源利用方式的深刻变革上。本节主要聚焦工业、交通、建筑部门的能源发展方向与路径，剖析各部门能源需求总量发展趋势以及各能源品种的替代关系。

3.7.1　总体情况

工业部门能源消费占比不断扩大，交通部门于近期达峰后呈下降趋势，建筑部门维持稳定。均衡转型情景下，工业部门能源消费近中期将持续增长，于2045年前达峰，峰值约为76.5亿吨标准煤[1]，到2060年降至68.3亿吨标准煤，占终端能源消费比重为46.8%。交通部门能源消费在2030年前达峰后将持续下降，2030年、2060年分别为39.6亿吨标准煤、32.6亿吨标准煤，占终端能源消费比重分别为24.9%和22.3%。

[1] 化石能源非能利用计入工业部门，下同。

建筑部门能源消费近中期略有上升，中远期基本维持稳定，到2030年、2060年分别为40.4亿吨标准煤、45.1亿吨标准煤，占终端能源消费比重分别为25.4%和30.9%（图3.30）。

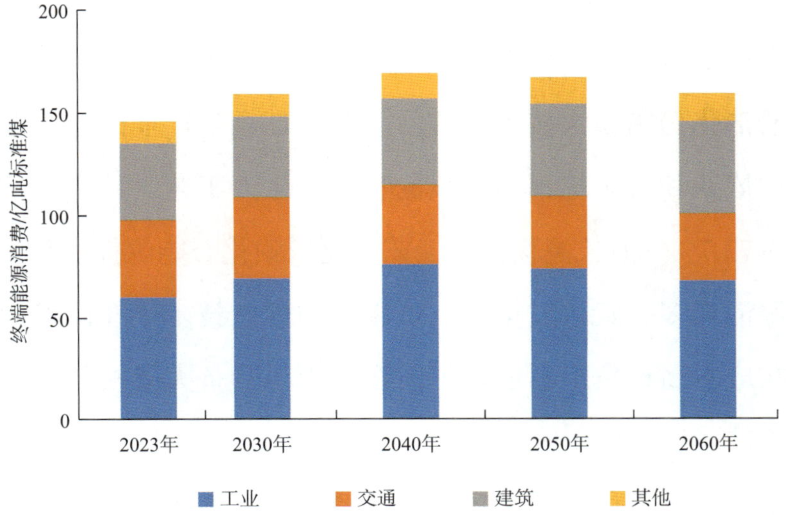

图3.30 均衡转型情景终端分部门能源消费量

3.7.2 工业

钢铁、化工、建材三大产业的能源消费占工业领域能源消费总量的60%左右，二氧化碳排放占比达55%，是工业部门转型及碳减排的重点领域。工业部门产业结构复杂多样，全球各国发展水平参差不齐，需要加快产业转型升级，推动能源结构调整与能效提升，加强工业用能技术创新，推动实现工业脱碳。

1. 钢铁工业转型路径

新兴经济体的快速发展将带动钢铁需求量持续增长。钢铁是建筑、运输和部分消费品的主要材料，对全球及各国经济发展至关重要。发达经济体的人均钢铁存量一般在10~14吨达到饱和水平，而当前各新兴经济体的人均钢铁存量大都在8吨以下，与需求饱和值仍有相当大的差距，钢铁需求量仍有较大增长空间。未来新兴经济体的快速发展将拉动全球钢铁产量进一步提升，预计2030年前，全球钢铁需求将保持2%左右的年增长速率，中远期逐步趋近需求饱和。

钢铁产业转型存在高碳路径锁定、低碳技术瓶颈等问题，未来实现用能清洁化仍需重大技术突破。当前全球钢铁产业的主流生产技术是以高炉炼铁和转炉炼钢为主线的长流程生产工艺，约占全球钢铁生产总量的73.7%。但长流程生产工艺高度依赖化石能源提供热源或还原剂，资源消耗多、碳排放量大。低碳高炉炼铁技术还在研发和试验阶段，存在成本高、技术不成熟等问题，尚不具备大规模替代传统炼钢的工艺条件。发展中国家生产了全球60%以上的钢铁，但由于产业集中度和专业化分工程度低、技术水平低、生产工艺落后等因素，钢铁生产能耗和碳排放水平远高于发达国家，吨钢能耗为发达国家的2倍以上。此外，氢能炼钢技术尚处于研发试验阶段，当前吨钢耗氢成本高达600美元，是高炉炼钢消耗煤炭价格的5倍左右，尚不具备大规模应用的经济性。生物质能炼钢依赖生物资源禀赋，在生物质能不发达的地区成本较高。电炼钢技术仅实现千克量级电解炼钢工艺，离大规模工业化生产仍有较大差距。

2. 化学工业转型路径

未来甲醇、乙烯及合成氨等化工品需求将进一步提升，主要依赖发展中国家经济社会发展与消费水平提升。甲醇、乙烯是塑料主要原材料，当前发达国家人均塑料需求量一般在50千克以上，而印度、非洲地区国家等发展中经济体的人均塑料需求量一般低于10千克。未来发展中经济体尤其是欠发达地区的塑料需求量仍有很大上升空间，需求的增长将进一步拉动甲醇和乙烯产量。此外，合成氨主要用于化肥生产，与全球粮食安全密切相关。2022年全球有58个国家和地区约2.58亿人面临严重粮食短缺问题，较2021年53个国家和地区的1.93亿人有所增加，以合成氨为重要原料的化肥对解决粮食短缺问题至关重要，预计到2035年，全球合成氨产量将达到2.1亿吨，到2060年将达到3.8亿吨。

精细化工是发掘化工产业发展潜力的方向。精细化工产品是战略性新兴产业中许多高端装备制造、新材料等领域的关键材料，精细化工的发展水平是衡量一个国家或地区化学工业发达程度和化工科技水平的重要标志。欧美日等发达国家和地区的精细化率基本上在60%~70%，而全球其他化工生产国家和地区的精细化工发展相对滞后。随着全球电子、医疗保健等领域的快速发展，未来精细化工种类及需求量仍将呈增长趋势，从而推动精细化工产业进一步发展，并逐步向需求和发展潜力巨大的发展中经济体迁移，成为化工行业重要的能源消费领域、产值增加来源和经济增长点。

3. 建材工业转型路径

建材工业能源消费总量较大，能耗和碳排放主要来自生产过程中的加热环节。建材工业包括水泥、玻璃、陶瓷等一系列材料生产加工，其能源消费约占终端能源消费量的3%。其中，水泥生产的熟料煅烧环节主要以煤炭为燃料，将以石灰石为主料的混合物煅烧成以硅酸钙为主要成分的水泥熟料，能耗占整个工艺流程总能耗的70%~80%；以回转窑为主要设备的煅烧过程中，煤炭燃烧、石灰石分解的碳排放量分别达到390千克/吨水泥、425千克/吨水泥，占整个生产过程碳排放的比重分别为46%和54%。玻璃生产包括原料破碎与混合、原料熔融、玻璃成型、退火4个工艺环节，其中能源消耗和碳排放主要在原料熔融环节，能耗占全部工艺的75%；玻璃生产主要以石油焦和煤气为燃料，占比分别达21%和16%。陶瓷生产包括原料配置与粉碎、泥浆制备、成型、干燥、施釉、烧成等环节，能源消耗和碳排放集中在干燥与烧成两个环节，约占陶瓷生产总耗能的75%以上。

新兴经济体发展将带动建材需求维持高位，基础设施建设是拉动建材需求的主体。全球基础设施建设投资在过去10多年间保持约3%的增速，随着全球人口不断增长和发展中国家城镇化水平提升，在基础设施建设和房地产的双重带动下，全球建材需求量仍将维持较高水平。其中，亚洲将主导全球基础设施市场，而非洲尽管当前的基础设施水平低于全球平均水平，但发展潜力较大，预计到2035年以后，非洲基础设施建设将迎来较大的飞跃，驱动全球水泥需求增长。

建材工业转型存在高碳产业路径锁定、产业竞争力不足、区域发展水平差异大等问题。建材工业长期依赖以煤炭、石油、天然气等化石能源为主的生产体系，能源效率较低，碳排放量巨大，建材产量较大的国家生产线建立较早，存在产能过剩、落后等问题。转变建材行业高碳路径，短期内大量置换落后产能，面临着投资成本巨大、技术壁垒、就业和资产损失等挑战。技术方面，如用电加热炉替代，则存在体积小、升温速度慢、经济性差等不足，目前仅在小型玻璃熔炉和陶瓷烧成炉应用，大型电加热炉研发、制造、生产成本较高。同时，在建材工业生产环节中，如水泥原材料煅烧、玻璃原材料熔融等加热过程，不可避免地会使原材料分解产生碳排放，加装碳捕集、利用与封存装备会大大提升建材生产成本。区域发展方面，建材工业在发达国家发展较早，由于大部分生产线运行周期长，工艺水平落后于世界平均水平。亚洲国家如中国、印度、越南等国家集中了全球超70%的水泥产能，但仍面临技术短板、优质产能不足、产品质量参差不齐等挑战。

4. 工业部门转型展望

电、氢比例不断提升，化工原料用油支撑石油长期需求。电、天然气在钢铁、建材等领域对煤炭的替代是近中期的主要转型趋势。均衡转型情景下，到2030年，电、天然气在工业部门消费将分别达到16.6亿吨标准煤和12.3亿吨标准煤，较2023年分别上升26.9%和12.2%。中远期天然气消费量将呈达峰后下降趋势，于2040年左右达峰，峰值约为13.9亿吨标准煤，到2060年降至12.4亿吨标准煤；氢能发挥重要替代作用，到2030年、2060年消费量将分别达到5.4亿吨标准煤和9.2亿吨标准煤，占工业部门能源消费比重分别为7.8%和13.5%；石油于2040年进入达峰平台期，峰值约22.4亿吨标准煤，化工原材料领域用油需求使石油在中远期仍保持一定消费量，到2060年工业部门石油消费量约为20.2亿吨标准煤（图3.31）。

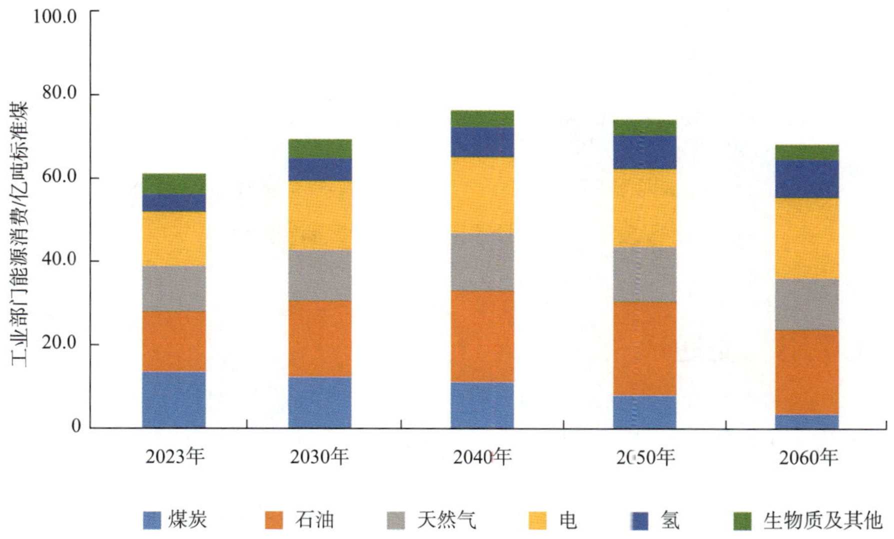

图3.31 均衡转型情景工业部门能源消费及结构

加速净零情景要求大幅缩减工业能源消费，提高电能在钢铁、化工领域的普及利用。加速净零情景下，需要提高能源利用效率，形成集约化的工业生产方式，工业能源消费在前中期的增长得到有效抑制，并在中远期加速降低，到2030年、2060年分别约为66.0亿吨标准煤和51.8亿吨标准煤（图3.32）。加速净零情景下工业部门用电少于均衡转型情景，主要原因是能源利用效率提升及需求减少，到2030年、2060年，电能在工业部门的消费量分别达到14.9亿吨标准煤和21.6亿吨标准煤，但加速净零情景下电能占工业部门能源消费比重更高，到2060年达到41.7%，相较均衡转型情景高出6.8个百分点。

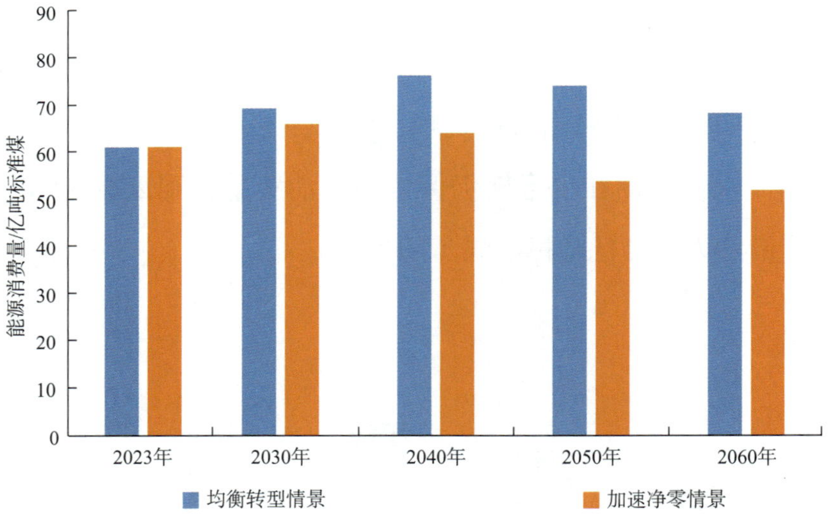

图3.32　两组情景工业部门能源消费对比

3.7.3　交通

公路、航空、航运三大领域的能源消费占交通领域能源消费总量的95%以上，二氧化碳排放占比超过96%，是交通部门转型及碳减排的重点领域。经济发展带来的交通运输需求增长给交通领域碳减排带来更加严峻的挑战，需要以用能方式变革为核心，加快技术进步，提高用能效率，强化政策引导，促进交通部门快速转型。

1. 公路交通转型路径

人均车辆保有量呈不断上升趋势。2015—2020年，全球汽车保有量由12.87亿辆增长至15.90亿辆，年均增速约为4.3%[1]。人均GDP水平是影响千人汽车保有量的主要因素，千人汽车保有量排名前十的国家人均GDP均超过了1万美元。公路交通运输是居民出行和物流服务的基础支撑和保障，未来一些国家和地区的城市化进程加快与经济结构转型升级将带来生产生活运输需求的进一步提升，促进车辆保有量持续增加。尤其是对于中等收入国家，当人均年收入达到5000~15000美元时，汽车保有量增长最快。根据预测，到2050年，全球的客运和货运需求将增长近3倍[2]，2020年全球部分国家千人汽车保有量与人均GDP见图3.33。

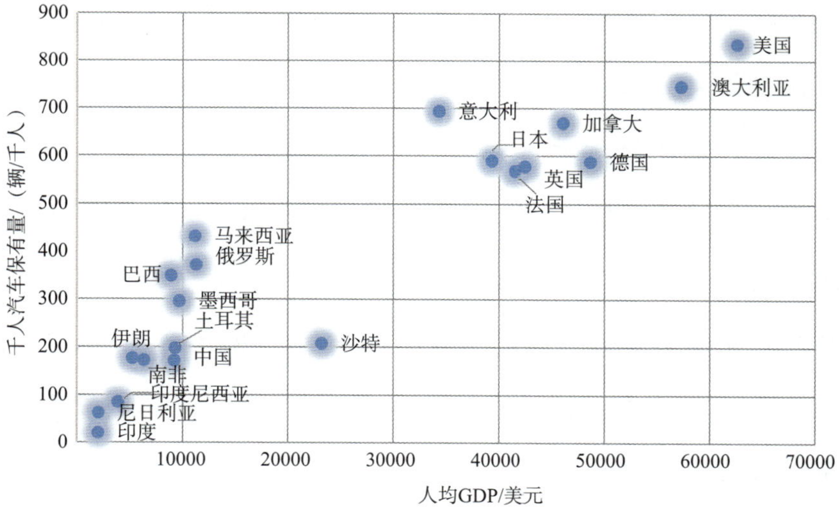

图3.33　2020年全球部分国家千人汽车保有量与人均GDP

❶ 数据来源：国际汽车制造商协会。https://www.oica.net/category/vehicles-in-use/.

❷ OECD, ITF Transport Outlook 2019, OECD Publishing, 2019.

公路交通发展呈现绿色化、共享化、智能化趋势。电动汽车能效是传统内燃机车的2~4倍，且尾气排放为零，在使用低碳电力的前提下，电动汽车能够显著减排。截至2023年底，全球电动汽车保有量已超过4200万辆。互联网、大数据、云计算、人工智能等前沿科技快速发展，促进了共享汽车、网约车、共享单车等公路交通运输新业态发展。2000年出现第一家互联网汽车共享平台Zipcar，2010年Uber推出第一款打车App。中国共享出行起步较晚，但在较短时间内快速发展。2023年中国网约车客运量占出租车总客运量的比重约为40.5%，较上一年提高6.4个百分点[1]。

专栏3.7 新能源车——欧美国家的难题，发展中国家的机遇

许多国家已经明确了停售燃油车的时间。早在2015年的联合国气候变化大会上，包括德国、英国、荷兰、挪威，以及美国18个州等在内的国家和地区就组成了“零排放车辆同盟”，打响了禁售燃油车的第一枪。9年时间过去，新能源车发展越来越迅猛，前景也越来越明朗。以中国市场为例，转型非常成功，2017—2023年，中国新能源汽车的市场渗透率从2.7%大幅增长至31.6%，2023年新能源汽车产销量分别达到了958.7万辆和949.5万辆，分别同比增长35.8%和37.9%。

然而，当前许多欧美国家在新能源车的发展上开始按“暂停

[1] 中国信息化和产业发展部分享经济研究中心，《中国共享经济发展报告2023》，2023。

键”。2023年，欧盟紧急撤回了禁燃令，表示2035年，车企可以继续在欧洲市场销售燃油车；英国表示原计划在2030年禁售汽油和柴油动力新车的时间现在要推迟到2035年实行；德国结束了电动汽车的购买补贴；苹果公司正式宣布放弃造车计划，持续了10年的造车计划正式终结；奔驰、宝马等知名汽车品牌也放弃全面电动化的计划。此外，欧盟表示将对中国电动汽车发起反补贴调查，理由是中国车企可能会通过政府大额补贴生产低价电动车，而这些电动车涌入欧盟市场后会威胁到欧洲本土电动车的发展。

公路交通是交通部门最大的能源消费领域，对交通部门清洁化发展乃至能源转型及气候目标的实现进程起到极大影响作用。因此，从全球可持续发展目标与方向来看，新能源车的规模化发展是大势所趋。但部分欧美发达国家在发展新能源车时也面临现实难题，如新能源车的使用成本问题以及欧洲车企在电动化过程中面临的供应链问题等，导致发展进程放缓。相较于高昂的电价，使用汽油的成本相对更低，因此大多数欧美汽车制造商更倾向于维持现有的燃油车市场，而非全面投身新能源领域。与此相对比，一些发展中大国以及新兴发展中国家面临着严峻的石油依赖问题，发展新能源车则有利于实现保障能源安全与碳减排的双重目标。

2. 航运与航空转型路径

航运贸易量呈增长趋势，航空效率显著提升。航运方面，全球航运贸易量持续增加，2023年全球集装箱航运贸易量为2.01亿标准箱，同比增长0.3%。2023年12月，全球集装箱航运贸易指数为123.4，同比增长7.3%，已超出2018—2023年117.67的均值水平。2015年以来，全球船舶总量持续增加，截至2023年1月，总量突破10万艘。随着船舶总量的扩张，船舶运输能力也在持续增长。2022年，全球船舶运输能力达到22.70亿载重吨，较上年增长了3.2%[1]。运送的货物以化石能源、集装箱、干货、散货为主，其中化石能源运输占据了巨大的航运运力，占全球航运贸易总量的比重达到40%。航空方面，飞机制造商着力研制更高效节能机型。过去20多年，全球航空运输飞机燃油效率年均提升2%，相比50年前，每客千米运行二氧化碳排放量减少80%以上、氮氧化物排放减少90%。

航运总体呈现清洁化发展趋势。按照国际海事组织已制定的减排目标，到2050年，航运领域温室气体排放量将减少至2008年的一半以下，并逐步实现温室气体零排放。远洋航运方面，生物质燃料、氢能、氨能等高能量密度燃料的制备技术不断进步、成本不断下降，将逐渐成为远洋航运燃料的主要转型方向；近洋航运方面，零排放、电池驱动的船舶将逐步投入运行，一定程度替代现有船舶。人工智能、物联网、区块链的成熟和广泛应用，将使得岸上远程控制的无人船舶和全自动港口成为现实，船舶装卸效率将明显提高，靠港时间将大幅缩减，航运领域能效将得到显著提升。

清洁低碳航空将在中远期实现规模化发展。国际民用航空组织（ICAO）已制定明确的减碳目标，计划到2050年将碳排放量减少至2005年水平的一半，并出台了国际航空碳抵消和减排计划（CORSIA），以2020年左右碳排放量为基准，通过增量碳排放权交易等市场化手段，以价格杠杆驱动各大航空公司减排，逐步压降航空运输领域碳排放。同时，航空能源绿色化也将成为重要趋势。以生物质燃

[1] 数据来源：联合国贸易和发展会议（UNCTAD）。

料为主的可持续航空燃料（SAF），与现有航空动力系统的适配性较好。随着技术发展成熟，氢动力、电池动力飞机将在短途飞行中占据一席之地。

3. 交通部门转型展望

电能一定比例替代石油，氢能、生物质能于中远期发挥重要作用。由于电能在陆路交通领域对石油的替代作用，两种能源消费量一升一降。均衡转型情景下，到2030年、2040年，电能消费量将分别提升至2.7亿吨标准煤和6.2亿吨标准煤，石油消费量将分别降至32.8亿吨标准煤和26.5亿吨标准煤。由于石油在航空、航海领域以及部分陆路交通领域仍有需求，到2060年石油在交通部门的消费量仍有13.1亿吨标准煤，仍高于电能的10.4亿吨标准煤。由于氢燃料电池车及生物质能在航空、航海领域的发展，中远期氢能、生物质能及其他能源将成为交通部门能源消费的重要组成部分，到2060年消费量将分别提升至4.5亿吨标准煤和3.3亿吨标准煤（图3.34）。天然气消费量较为稳定，到2060年仍保有1.3亿吨标准煤，主要用于陆路交通。

加速净零路径要求进一步扩大电能、生物质能、氢能对燃油的替代。加速净零情景要求燃油车加速削减并实现完全退出，主要依赖陆路交通电能替代及氢燃料电池车在长距离、重型车领域的普及利用。到2030年、2060年，交通部门电能消费量将分别达到3.0亿吨标准煤和14.5亿吨标准煤（图3.35），氢能消费量将分别达到0.9亿吨标准煤、5.5亿吨标准煤。生物质能主要通过扩大在航空燃料领域的普及，实现对航空燃油的深度替代，到2030年、2060年消费量将分别达到2.4亿吨标准煤和8.5亿吨标准煤。

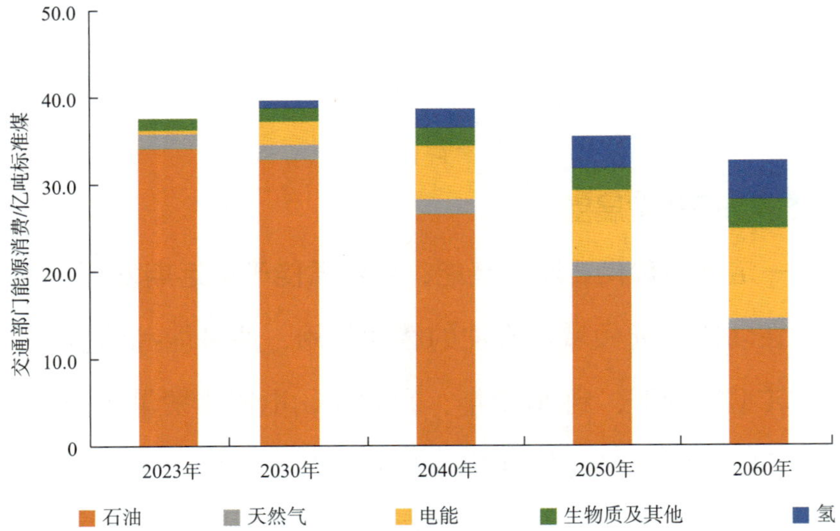

图3.34　均衡转型情景交通部门能源消费及结构

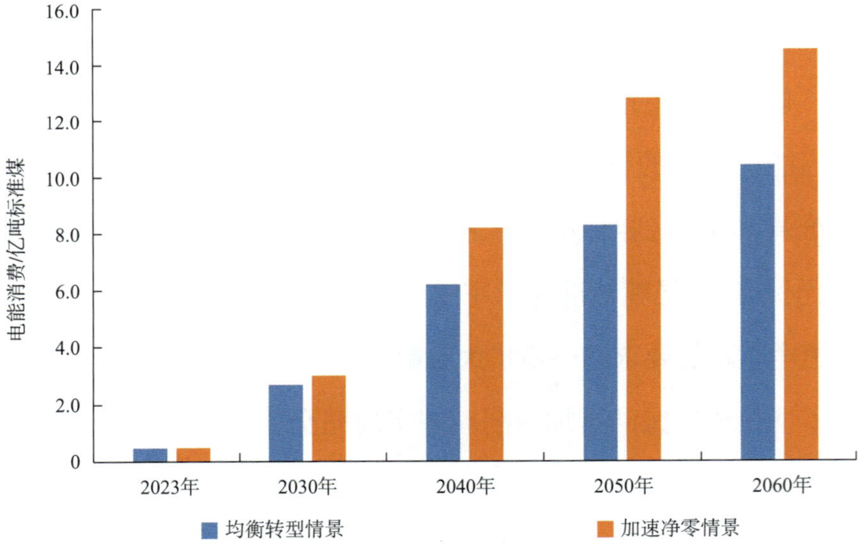

图3.35　两组情景交通部门电能消费对比

3.7.4　建筑

全球人口增长将进一步加剧建筑部门的能源转型和碳减排压力。未来建筑部门能源转型需加快转变居民及商业用能方式，在采暖、炊事、生活热水等方面加快电能、天然气等的全面普及和对煤炭的替代，广泛使用节能智能家电，推广建筑物节能改造，提高建筑部门能源利用效率，以清洁低碳和经济高效的方式满足居民生活需求。

1. 建筑部门转型路径

建筑部门能源消费呈持续增长趋势。2023年，全球建筑领域能源消费共37.4亿吨标准煤。分能源品种看，煤炭、石油、天然气和电力消费分别达到1.6亿吨、5.4亿吨、10.6亿吨、16.0亿吨标准煤。从2010年到2023年，全球建筑领域天然气消费量增长超过17%，电能消费量增长达到35%。从能源消费领域来看，采暖、炊事、生活热水、空调制冷的能耗是建筑部门能源消费的主要领域，合计占比达到约95%，剩余能源消费领域主要是家电和照明。其中，能源消费的增长主要来自空调制冷、家电和生活热水，从2010年到2023年，空调制冷能源消费增长了40%以上，家电能源消费增长超过20%，生活热水能源消费增长超过34%。

未来经济发展、建筑规模和人口增长将拉动能源需求提升。从世界总体趋势来看，建筑部门的人均能源消费水平随人均GDP的增长而提升（图3.36），加之人口增长，未来人们对住宅、公共、商业建筑的需求仍将快速增加。在民用建筑领域，购买力的增长将促进居住面积扩大和用能终端增多；在商业及公共服务建筑领域，经济繁荣贸易畅通将促进文娱消费需求的释放。到2050年、2060年，全球建筑面积将分别超过4800亿、5700亿平方米，相较于2023年分别增长接近100%、140%。其中，非洲、亚洲的建筑面积在2060年将分别达到1143亿、2799亿平方米，相较2023年分别增长接近350%、140%。2023年全球人口达80.3亿人，过去10年年均增速达1.2%。预计到2060年，全球人口将达到100亿人左右、年均增速约0.7%，其中非洲人口将翻一番、达到28亿人左右、占比达30%左右，亚洲人口将在2055年前后增至53亿人左右的峰值。全球人口数量增加将带动建筑用能持续增加。

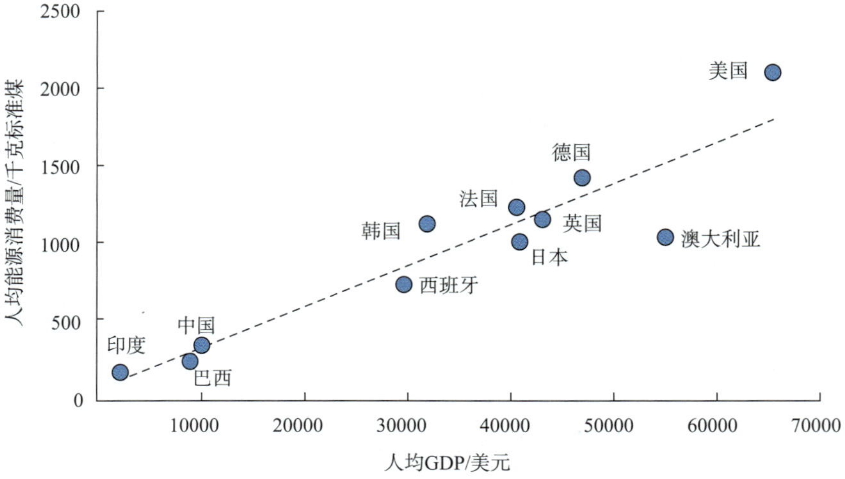

图3.36　世界部分国家建筑部门能源消费规律

未来建筑部门的转型方向是电气化、天然气普及和节能增效。在中国、欧洲部分地区等以集中供暖为主的国家和地区，热效率较高的燃气锅炉将逐步替代燃煤锅炉。在美国、加拿大等以分散式采暖为主的国家和地区，清洁能源采暖与电采暖将有一定发展空间，包括热泵、对流式电暖器等，实现低碳采暖。同时，未来随着大功率、高性能电采暖、电炊具、电热水器技术与装备的创新发展，影响设备热效率和稳定性的关键技术将显著进步，加之新建建筑能效标准提升和存量建筑节能改造，建筑部门的能源利用效率也将不断提升。

2. 建筑部门转型展望

电能、天然气对煤炭、石油逐步替代。均衡转型情景下，到2030年、2060年，电能消费量将分别增长至18.6亿吨标准煤、24.2亿吨标准煤，分别占建筑部门能源消费总量的47.6%和53.7%。天然气消费量保持稳定增长，到2030年、2060年将分别达到11.1亿吨标准煤、16.1亿吨标准煤，分别占建筑部门能源消费总量的28.4%和35.7%。煤炭在发展中国家建筑部门利用较多，在近中期将逐步削减。石油主要在中东等地区使用，未来也将逐步减少，到2060年展望期末基本净零（图3.37）。

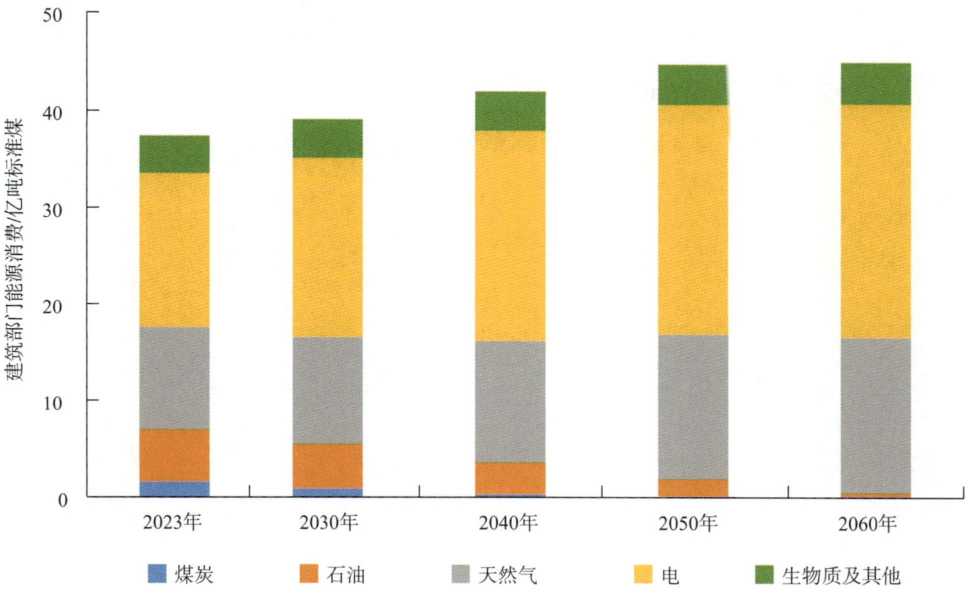

图3.37　均衡转型情景建筑部门能源消费及结构

加速净零情景的主要转型方向体现在电能对天然气的深度替代。 加速净零情景下，建筑部门的总体能源消费规模降低，供暖、炊事、热水等领域更多由电能、现代生物质能以及可再生能源直接利用替代，包括空调和热泵供暖、电或现代生物燃料炊事、电或太阳能热水等，从而大比例减少天然气的发展规模。建筑部门天然气消费量于2030年进入达峰平台期，到2060年下降至2.6亿吨标准煤（图3.38），相较均衡转型情景减少83.9%，占建筑部门能源消费比重仅为5.4%，电能占建筑部门能源消费比重高达76.6%。

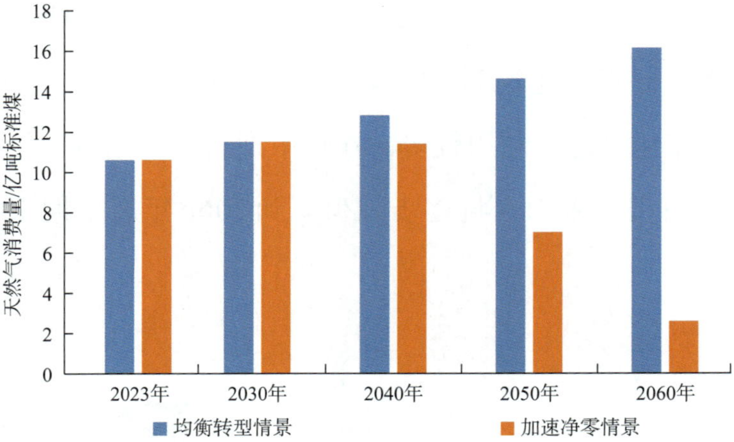

图3.38　两组情景建筑部门天然气消费对比

第4章 区域能源发展路径

因经济、社会、资源、技术等多方面因素差异，全球各区域的能源发展呈现出多样化的趋势。基于地理位置及经济社会相似性，可将全球分为亚洲与太平洋地区、欧洲、非洲、北美洲和中南美洲五个区域，通过梳理各区域发展基础及优势领域，能够评估和研判各区域未来的转型潜力与方向，分析得出差异化的能源转型发展路径。

4.1 亚洲与太平洋地区

亚洲作为世界经济发展的重要引擎，洲内多数国家仍是发展中国家，处于快速工业化、城镇化进程，经济增长在较长一段时期内保持相对稳定，能源需求有较大上升空间，但同时也面临较大的碳减排压力。大洋洲自然资源丰富、区域一体化基础较好，各国重视能源基础设施发展。当前能源清洁低碳转型已经在亚洲与太平洋地区形成高度共识，各国根据各自资源、技术优势，推动清洁能源开发利用、传统能源转型升级，促进实现能源转型。

4.1.1 发展基础

经济方面，亚洲经济体量大，是全球经济的最大引擎，大洋洲经济体量较小，各国经济发展水平差异显著。2023年亚洲各国GDP总和超过38万亿美元，居各大洲之首，约占全球经济总量的40%，人均GDP达到8000美元左右，GDP增速4.5%。亚洲对全球经济增长贡献率近70%，其中中国对全球经济增长的贡献率超过30%。亚洲国家经济发展主要依赖制造业和出口。2023年，大洋洲各国GDP总和约为2.0万亿美元，占全球总量的2%。其中，澳大利亚为1.7万亿美元，新西兰为0.2万亿美元，两国之和占大洋洲经济总量的95%以上。人均GDP最高的是澳大利亚，约64712美元；而基里巴斯为1991美元，两者相差接近33倍。大洋洲国家经济增长普遍依赖服务业和外资投资，对国际市场高度依赖。

社会方面，亚洲是世界人口第一大洲，劳动力丰富，大洋洲人口基数较低，主要集中在澳大利亚和新西兰。2023年亚洲人口约47亿人，约占世界总人口的60%。中国、越南、印度、印度尼西亚、柬埔寨、菲律宾等国家劳动力资源丰富，劳动力成本较低，人口红利明显。日本、新加坡等国拥有大批量具有较好知识体系和技术素养的人才，人才红利逐步显现。但亚洲人口老龄化的速度远超其他地区，“人口红利”正在向“人才红利”转变，人口结构的变化将导致能源结构的变化。经济发展带动主要国家城镇化规模不断扩大。2023年亚洲整体城镇率约为51%，日本城镇人口比例达92%；中国城镇常住人口9.3亿人，城镇化率66%，较2013年增长13个百分点；印度大量人口向城市集聚，100万人口以上的大都市区数量急剧增加，城镇化率由2013年的31%提升至2023年的36%；中亚和西亚城镇化进程持续推进，各地区城镇化发展速度与发展水平具有显著差异。2023年，大洋洲人口为4550万人，约占世界人口的0.6%。澳大利亚和新西兰人口主要集中在城市和沿海地区，太平洋岛国人口分布较为分散。经济和人口的增长带动主要国家的城镇化趋势日益明显。一方面，澳大利亚和新西兰已经成为全球重要的商业和文化中心，悉尼、墨尔本等城市吸引了大量人才和投资，建立起国际交流与合作枢纽。另一方面，南太平洋岛国虽然面积相对较小，但受益于新兴产业的发展，开始拥有现代化的基础设施和服务。

专栏4.1 亚洲经济社会发展预测

中国、日本、印度是亚洲经济最具代表性的几个国家，其中，中国经济尽管遭遇诸多挑战，但是基本面依然向好，随着新质生产力的培育和新发展格局的构建，经济增长将继续保持在中高速轨道；日本民众收入和消费需求表现较为疲软，日元升值使得产品出口竞争力下降，叠加通胀压力缓解和财政政策退坡影响，日本经济表现可能将重回不温不火的状态；印度已成为新一轮国际产业转移的承接地，在食品制造业、基本金属、纸制品及印刷业等产业具备相对竞争力，是极具潜力的发展中经济体。据此预测，亚洲经济将长期维持4%左右的中高增速，人均GDP将于2035年前突破1万美元，GDP总量将于2050年达到100万亿美元。

以中国、日本、韩国为代表的东亚国家，受抚养负担和生育观念变化影响，总和生育率长期偏低，已暴露出较为严重的少子化、老龄化问题，人口规模已处于负增长模式，预计社会抚养负担将长期持续加深；以印度、哈萨克斯坦为代表的南亚和中亚国家，人口增长模式处在从传统型向现代型转变的过渡型阶段，人口增速较快，尚未出现老龄化问题，且城镇化进程起步较晚，当前城镇化率整体不足40%；以沙特、伊朗为代表的西亚阿拉伯国家，经济发展水平整体较高，处在城镇化率高于70%的后期稳定阶段，人口死亡率不足5‰，远低于全球平均水平和亚洲国家平均水平，但人口出生率高达19‰，超过全球平均水平和亚洲国家平均水平，因此人口规模增长较快。综合研判，预计亚洲各国总人口将呈减速增长态势，在2030年接近50亿人，在2055年前后增至53亿人左右的峰值；亚洲总体人口老龄化程度将持续加深，老龄化率在2035年前后增至14%、步入深度老龄化社会，在2055年前后达到20%、开启超级老龄化阶段；亚洲总体城镇化率将在2040年前增至60%，在2060年逼近70%。

资源方面，能源与矿产资源总量丰富但分布不均衡。亚洲多数国家仍是发展中国家，人口多、经济增长速度快，对化石能源需求高。亚洲煤炭资源探明储量约3196亿吨，占全球的30%，主要分布在中国、印度、印度尼西亚和哈萨克斯坦；石油探明储量约1242亿吨，占全球的46%，主要分布在伊朗、伊拉克、科威特、沙特阿拉伯和阿联酋等西亚国家；天然气探明储量约116万亿立方米，占全球的58%，主要分布在卡塔尔、伊朗和土库曼斯坦。水能、风能、太阳能理论蕴藏量分别约22万亿（千瓦·时）/年、595万亿（千瓦·时）/年、59100万亿（千瓦·时）/年，分别占全球的47%、30%和28%。主要分布在呈“人”字形的两条能源带上，一条从西亚、中亚、中国西北、蒙古国到中国东北，以太阳能、风能为主；另一条从南亚北部、中国西南、缅甸到老挝，以水能为主。此外，该地区的矿物种类多、储量大，镁、铁、锡等储量均居世界首位，还包括稀土、镍等关键新能源矿产资源。从矿产分布看，东南亚拥有世界最大的锡矿带，马来西亚锡矿砂产量居世界第一，中国的稀土储量和生产量居世界首位；中亚的铁、锰、铜、钾等矿藏丰富，其中哈萨克斯坦铬铁矿探明储量仅次于南非、津巴布韦，居世界第三；西亚的铁矿储量大、品位高；大洋洲煤炭资源探明储量约1550亿吨，占全球比重的14.7%，主要集中在澳大利亚，澳大利亚虽然是发达国家，但煤炭消耗大，严重依赖煤炭。

技术方面，亚洲与太平洋地区充分发挥多元化技术优势推动能源转型。中国在太阳能和风能领域的投入和产出均居全球首位，通过大规模部署和技术创新，实现了太阳能成本的显著降低和风电的快速发展。日本在智能电网和能源存储技术，尤其是在电池储能系统方面有着重要的研究和应用。韩国高性能电池技术，特别是锂离子电池处于全球领先水平。中亚国家起步较晚，但在水力发电和太阳能领域的潜力巨大，正在逐步吸引国际投资和技术合作。澳大利亚在太阳能和风能领域具有国际领先水平，特别是在家庭太阳能安装和大型太阳能发电项目方面。新西兰水力发电和地热能发电技术处于世界领先水平，水力发电和地热能发电约占总发电量的60%和17%，是世界上利用地热能发电比例最高的国家。太平洋岛国正在逐步发展太阳能和风能，同时探索潮汐能和海水温差能等可再生能源的利用。

4.1.2 发展展望

能源结构整体呈清洁化方向发展，煤炭于近中期达峰后逐步下降。均衡转型情景下，亚洲与太平洋地区一次能源消费在近中期呈逐年上升趋势，于2040年左右达峰，峰值约155.6亿吨标准煤，到2060年降至137.6亿吨标准煤。能源结构呈现明显的化石能源缩减、可再生能源规模扩大趋势。其中，煤炭消费到2030年约为50.3亿吨标准煤，2060年降至9.1亿吨标准煤。石油于2030—2035年间达峰，峰值为36.6亿吨标准煤，2060年降至24.5亿吨标准煤。天然气于2045年左右达峰，峰值为32.5亿吨标准煤。可再生能源消费快速增长，占一次能源比例分别上升至2030年的18.3%和2060年的47.4%（图4.1）。

终端能源消费于近中期保持增长，电、氢及可再生能源不断上升。

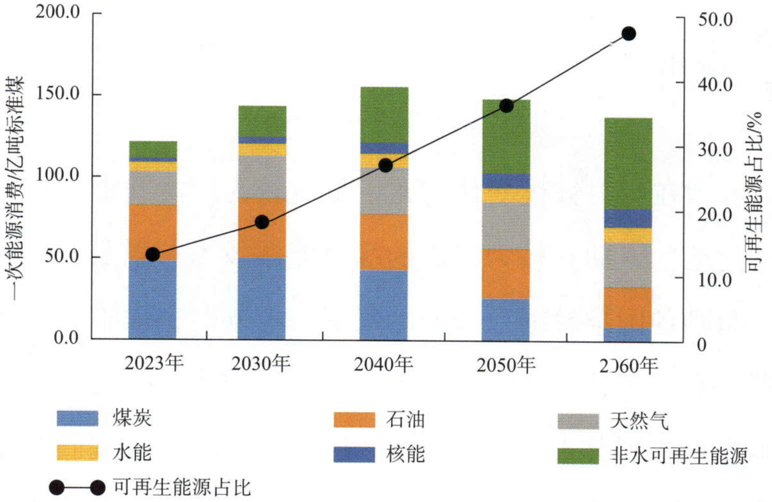

图4.1 均衡转型情景亚洲与太平洋地区一次能源消费总量与结构

均衡转型情景下，亚洲与太平洋地区终端能源消费于2040年左右达峰，峰值为97.7亿吨标准煤，其后呈下降趋势，到2060年降至85.3亿吨标准煤（图4.2）。电、氢及生物质等非化石能源比例不断提升，其中电能到2030年、2060年占终端能源比例分别达到26.5%、35.2%。石油在近中期维持主体地位，其中2030年石油占终端能源比例约为36.4%，到2060年降至27.0%。随着煤炭和石油的削减，天然气占比有所升高，到2030年、2060年分别达到14.2%、21.1%。

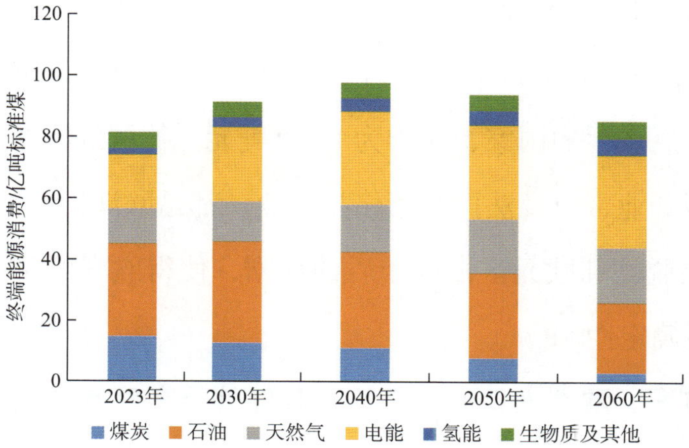

图4.2 均衡转型情景亚洲与太平洋地区终端能源消费总量与结构

4.2 欧洲

欧洲各国在应对气候变化问题上形成较为广泛共识，是最早提出能源转型的地区，拥有较为先进的绿色能源技术，以及较为成熟的配套体系，激励各国推动绿色产业的发展，但同时也面临高昂的减排成本。欧洲未来能源转型将发挥技术优势，深化统一市场建设，促进资本、技术、人才等要素的自由流动，同时利用其在高端制造业、服务业、金融科技等方面的优势，推动产业升级，引领全球绿色低碳转型。

4.2.1 发展基础

经济方面，欧洲经济发展水平高，占据全球经济的重要地位。欧洲的发达国家数量最多，全球37个发达国家中有29个来自欧洲，2023年欧洲各国GDP总和超过24万亿美元，约占全球经济总量的23%，人均GDP约为3.2万美元，在全球处于领先位置。分板块看，人均最高的是高度发达的北欧板块，达6.7万美元；其次是西欧板块，为4.8万美元，有英法两大常任理事国；第三是以德国为中心的中欧板块，人均4.0万美元；第四是南欧板块，包括伊比利亚（西葡）、亚平宁（意大利）、巴尔干三大半岛地区，人均为2.6万美元；最后是东欧板块，都是苏联解体后产生的国家，人均为1.3万美元。德国的汽车制造业、英国的金融服务业，以及法国的奢侈品产业，都是欧洲经济的重要支柱。但由于英国脱欧和欧元区内部矛盾的加剧，使得欧洲经济面临着一定的挑战和不确定性。

社会方面，欧洲人口分布不均，整体处于高度老龄化，社会发展水平较高。从人口数量来看，欧洲是世界第三大人口大洲，2023年欧洲人口为7.5亿人，约占世界人口的9.3%，其中欧盟国家人口为4.5亿人。西欧经济发达、教育水平高、医疗保障完善，人口最为密集，法国和德国是欧洲人口最多的两个国家；东欧土地资源丰富、农业发达，人口密度相对较高；冰岛、芬兰、挪威和俄罗斯北部，由于气候恶劣、交通不便，是欧洲人口稀少的地区。从人口结构来看，世界上老龄化最严重的20个国家中，除了排名第一的日本外，其他的19个国家均是欧洲国家。欧洲已处于“超老龄社会”，少子化与老龄化并举，老年人比重超过少儿比重，30%以上国家及地区少儿比重低于15%，40%以上国家及地区老年人比重超过20%。欧洲社会的高发展水平主要体现在：一是城市化水平高，2023年欧洲平均城市化率为75%，高出全球平均水平的56.5%近20个百分点，其中俄罗斯、德国、法国城市城镇人口分别超过1亿人、0.6亿人、0.5亿人。二是国家竞争力全球领先，在2023年全球竞争力排名的64个经济体中，前10位有5个来自欧盟，分别是丹麦（第1位）、爱尔兰（第2位）、瑞士（第3位）、荷兰（第5位）、瑞典（第8位），反映了各国在经济性能、政府效率、企业效率和基础设施方面的优异表现。三是区域合作程度全球最高，欧盟是区域一体化典范，有27个成员国对内采取相应的统一措施，对外政策高度一致。对内金融市场高度融合，统一关税自由流动，已有20个国家、约3.5亿人使用欧元，其中9个国家和地区采用欧元为单一货币。

专栏4.2 欧洲经济社会发展预测

近中期来看，欧元区经济面临技术性衰退风险，主要原因在于制造业不景气、通胀压力较大、居民消费和企业投资低迷、财政支持力度减弱等，但《欧洲经济安全》等产业政策在鼓励高新技术领域发展方面发挥作用，有利于增进欧洲产业结构的高级化。据此预测，欧洲经济将保持增长态势，但增速将持续减慢，到2060年展望期末，欧洲人均GDP有望实现在2023年的基础上翻一番。

欧洲内部的人口特征同质化程度较高，相对而言，以意大利、西班牙为代表的南欧国家总和生育率更低，老龄化问题更严重；以捷克、罗马尼亚为代表的东欧国家总和生育率略高，但依然低于更替水平，老龄化程度略轻，但依然处于深度老龄化社会。综合研判，随着经济发展水平的进一步提升，欧洲生育养育支持政策将持续完善，性别平等和生育友好的社会文化氛围更加浓厚，总和生育率有望从2023年的1.49逐步回升至2060年的1.64左右，进而预测欧洲人口负增长的趋势难以逆转，但下降速率将有所放缓，预计欧洲各国总人口到2035年降至7.3亿人，到2050年前后跌破7亿人；总体老龄化率将长期维持在20%以上，并于2055年左右突破30%；城镇化率将进一步提升，到2040年达到80%以上。

资源方面，欧洲能源体系脆弱，化石能源主要集中在俄罗斯，整体对外依赖度高，清洁能源开发潜力较大，但开发成本相对较高。欧洲煤炭资源探明储量为2994亿吨，占全球总储量的28%，主要分布在俄罗斯、德国、乌克兰等，其中俄罗斯煤炭储量占欧洲煤炭储量的54%。石油探明储量约为166亿吨，占全球总储量的7.0%，主要分布在俄罗斯、挪威等，其中俄罗斯石油储量占欧洲石油储量的89%。天然气资源丰富，探明储量约为40.6万亿立方米，占全球总储量的21.6%，主要分布在俄罗斯、乌克兰、挪威，其中俄罗斯天然气储量占欧洲天然气储量的92%。根据欧盟统计局数据显示，2022年欧洲能源对外依存度达60%，其中石油高达96.7%、天然气为88.0%、煤炭相对较低为41.7%。欧洲水能资源理论蕴藏量超过4.4万亿（千瓦·时）/年，主要分布在欧洲大陆主要山脉水系、土耳其底格里斯河—幼发拉底河流域及俄罗斯伏尔加河流域等。风能理论蕴藏量超过200万亿（千瓦·时）/年，主要分布在丹麦沿海海域及格陵兰岛、爱尔兰、英国、法国、德国和波兰沿海。太阳能资源理论蕴藏量接近1万万亿（千瓦·时）/年，主要集中在西班牙、意大利等欧洲南部国家。受地形地貌、地物覆盖等因素的影响，欧洲清洁能源资源开发成本总体较高。2022年，欧盟可再生能源发电占总电力消耗的41.2%，风力发电和水力发电占可再生能源发电总量的2/3以上（分别为37.5%和29.9%）。其余1/3的电力来自太阳能（18.2%）、固体生物燃料（6.9%）和其他可再生能源（7.5%）。

技术方面，欧洲通过技术创新和大规模部署推动能源转型。风能方面，欧洲在全球海上风电市场中占有主导地位，特别是英国和德国，分别安装了40.3吉瓦和18.7吉瓦的风电容量。丹麦的Vestas和德国的Siemens Gamesa在风电技术创新和制造方面居世界领先地位。太阳能方面，欧洲在光伏技术研发、高效率太阳能电池和集成系统方面保持领先，德国是太阳能光伏领域的先驱，其安装的光伏容量超过60吉瓦；西班牙是全球太阳能热发电的领军国家，西班牙的太阳能热电站采用先进技术，如镜面聚光和热存储系统。水能方面，挪威的水电容量超过32吉瓦，几乎占到其国内总发电量的96%。瑞士的水电占其总电力生产的约60%；英国是潮汐能技术的先行者。地热能方面，冰岛是利用的典范，地热能源几乎满足了该国70%的家庭供热需求和25%的电力生产。此外，欧洲以其均衡和深度在全球科研版图中占据了重要地位，2023全球创新指数显示，拥有最多全球百强科技创新集群数量的10个国家中，有3个来自欧洲：德国（9个，排名第三）、法国和英国（均为3个，并列第八）。

4.2.2 发展展望

一次能源需求逐年下降，可再生能源逐步成为主导能源。2030年、2060年欧洲一次能源消费将分别为41.3亿吨标准煤、38.2亿吨标准煤。煤炭、石油、天然气消费持续下降，其中煤炭加速下降，远期2050年左右实现基本净零；石油下降速度较快，到2030年、2060年将分别降至9.7亿吨标准煤、2.8亿吨标准煤；天然气消费到2030年、2060年将分别降至13.1亿吨标准煤、8.5亿吨标准煤。可再生能源消费快速增长，到2030年、2060年占一次能源比例将分别增至25.0%、58.0%（图4.3），其中北欧可再生能源占比较高，东欧的俄罗斯及其周边地区可再生能源占比相对较低。

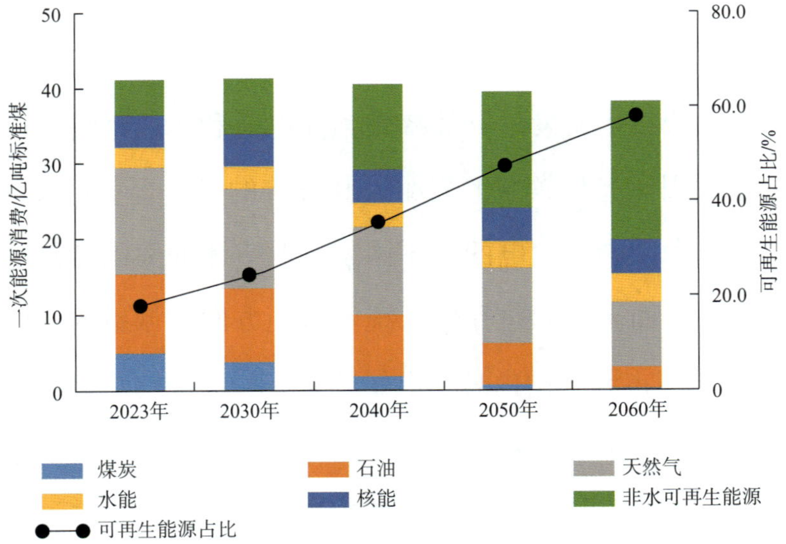

图4.3　均衡转型情景欧洲一次能源消费与结构

欧洲终端能源需求呈下降趋势，电能逐步成为占比最高的终端能源品种，远期氢能成为第三大终端能源。考虑人口负增长、终端用能技术效率提高等因素，2030年、2060年，欧洲终端能源消费将分别下降至26.8亿吨标准煤、23.0亿吨标准煤。2030年，终端石油、天然气消费将分别降至9.1亿吨标准煤、5.8亿吨标准煤，到2060年分别进一步降至2.6亿吨标准煤、5.3亿吨标准煤（图4.4）。中远期电能成为最大终端能源，到2060年电能占终端能源比重提高到41.3%。氢能加速在欧洲大规模应用，需求增长迅速，2060年氢能在终端的消费增至3.2亿吨标准煤，占终端能源消费比重达到14.1%，仅次于电能和天然气。

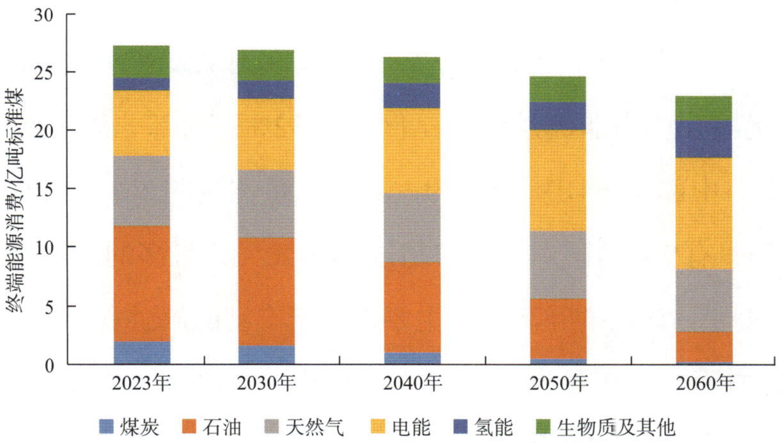

图4.4 均衡转型情景欧洲终端能源消费与结构

4.3 非洲

非洲是发展中国家最集中的大陆，近年来各国政治局势日趋稳定，人口红利不断释放，营商环境持续向好，已成为世界经济的重要增长极。随着经济人口快速增长和工业化城镇化加速发展，非洲能源电力需求将保持高速增长，面临保供压力大、用能方式粗放、电力可及率低等挑战。非洲清洁能源的开发规模不断扩大，能源基础设施建设不断加强，转型促进政策不断推出，为推动非洲工业化、清洁化、区域一体化进程提供强大动力。

4.3.1 发展基础

经济方面，非洲各地区间发展极不平衡，经济发展差距明显。非洲已经成为全球经济增长最快的地区之一，2023年非洲GDP为2.9万亿美元，占全球的2.3%，其中北非国家占据着非洲的黄金地带——大西洋和地中海沿岸地区，因此经济较其他非洲国家发达。北部非洲GDP为9119亿美元，占非洲总量的比例约为32%；西部非洲、南部非洲、东部非洲、中部非洲GDP分别约占非洲总量比例的24%、22%、15%、7%。非洲只有9个国家人均GDP超过5000美元，最多的国家是塞舌尔，为21575美元，该国的经济发展主要得益于丰富的旅游资源。

社会方面，非洲是世界人口第二大洲，人口增长快，人口红利不断释放，当前城镇化水平低，但增速快。非洲人口增长率全球最高，2023年非洲人口为14.1亿人，占全球总人口的比例为17.6%。根据联合国预测，到2050年非洲人口将接近25亿人、占全球总人口的比例超25%，到21世纪末2100年非洲占世界人口的比例将接近40%[1]。青年人口占比超过世界其他地区，到2030年，全球近一半劳动人口增长将来自撒哈拉以南非洲，为非洲绿色工业化提供有力支撑，同时也将弥补全球老龄化所带来的劳动力短缺。非洲未来将是劳动力最充足也是最

---

[1] 数据来源：联合国，《世界人口展望报告》，2022。

廉价的地区，必将承接更多低端制造业转移，但与此同时，人们基本生活、商业和工业都将产生巨大的能源需求。非洲城镇化率为44.5%，远低于世界城镇化平均水平，撒哈拉以南非洲约47%的城市处于城市化起步阶段。自1990年以来，非洲的城市人口规模增加了3倍，城市数量从3300个增至7600个，城市人口新增约5亿人。预计到2050年，非洲城镇化率将达到60%左右，城市人口超过13亿人。城镇化水平的快速提高带动非洲中产阶级人数持续增加，联合国人口与发展委员会数据显示，非洲现约有中产阶级3.6亿人。然而，在城市化建设快速推进的背后，非洲却面临每年约6亿人的电力需求和9.6亿人的烹饪燃料需求，要满足这些生产生活，城市地区二氧化碳的排放将进一步增加。

专栏4.3 非洲经济社会发展预测

尼日利亚、南非等国是非洲经济最具代表性的国家，其中尼日利亚是非洲最大的石油生产国和世界主要石油出口国，尽管公共债务持续扩大、通货膨胀问题严重、营商环境相对恶劣，但是政府正在积极推动炼油等工业产能建设，以此提高工业化水平、提升经济发展基础；南非是目前非洲经济最发达、工业化水平最高的国家，但也在遭受大宗商品价格不稳定、失业率高企等严峻挑战，近中期经济发展不容乐观。据此预测，随着非洲工业化水平的提升，非洲经济有望迎来一段增速发展时期，预计2030—2050年间的年均GDP增速高达6%左右，到展望期末，非洲GDP总量将突破20万亿美元、约为2023年的8倍，人均GDP超过8000

美元，是2023年的4倍以上。

非洲是“最年轻”的大洲，老龄化率仅为3.5%；非洲总体城镇化率不足45%，相当于20世纪90年代的全球平均水平。随着经济社会的发展和生育观念的转变，非洲的总和生育率将迅速下降，预计从2023年的4.2降至2030年的3.8、2045年的3.0及2060年的2.5左右。据此预测，非洲总人口将维持高速增长，到2040年前突破20亿人，到2060年达到28亿人；到2060年展望期末，非洲老龄人口占比将增至7%，开启老龄化社会阶段。城镇化建设方面，预计到2060年，非洲整体城镇化率有望突破60%。

资源方面，非洲化石能源资源相对有限且分布不均匀，清洁能源资源总量丰富且品种多样，矿产资源禀赋极强，是资源型经济体的重要经济支柱。非洲煤炭资源较少，探明储量为143亿吨，占全球的1.3%，主要分布在南非，占非洲煤炭储量的69%。石油探明储量约为166亿吨，占全球的7.2%，储采比约50，主要分布在利比亚、尼日利亚、阿尔及利亚和埃及。天然气探明储量约为12.9万亿立方米，占全球的6.9%，主要分布在尼日利亚、阿尔及利亚、埃及。油气资源集中在少数国家，多数国家严重依赖进口化石燃料，另外由于本国炼油工业能力落后，尼日利亚、安哥拉等主要产油国家的成品油严重依赖进口。非洲水能、风能、太阳能、生物质能、地热能等多种清洁能源资源丰富，水能、风能、太阳能储量分别占全球的13%、32%和40%。目前开发比例极低，是全球清洁能源开发潜力最大的大洲。金矿、金刚石、铂族金属、铝土矿、锰矿、钴矿、铀矿等重要资源储量均居世界首位，铬矿、钒矿、钛矿、铜矿、镍矿等资源也非常丰富，矿产资源勘查和开发潜力巨大。南非地区蕴藏丰富的金刚石、有色金属及稀有金属；西非地区的优势矿产主要有铁、铝土矿、金等；东非地区主要的矿产有金、铜、钴等；中非地区则以著名的铜—钴矿带闻名。2023年非洲矿产品出口约为2633.0亿美元，约占出口总额的39.6%。

技术方面，非洲多国正积极推进可再生能源项目建设。突尼斯全年日照时间超过3000小时，政府计划在2023—2025年间建设8座太阳能光伏电站和8座风力发电站。尼日尔充分开发南部地区充沛的风能，将建设该国首座风电场，设计装机容量为250兆瓦。肯尼亚将风能、地热能等可再生能源定为发展重点。南非、摩洛哥、埃及等国在光伏建设项目上处于领先地位。但非洲可再生能源发展仍面临基础设施建设滞后、技术人员不足等现实挑战。

4.3.2 发展展望

一次能源需求持续增长，前中期化石能源和可再生能源齐头并进，中后期增量主要来自可再生能源。非洲一次能源消费持续快速增长，2030年、2060年将分别达到12.0亿吨标准煤、20.5亿吨标准煤。非洲化石能源需求呈上升趋势，到2030年，石油、天然气消费将分别上升至3.8亿吨标准煤、2.9亿吨标准煤，其后仍持续保持增长态势，远期石油消费饱和后略有下降，2060年约为3.7亿吨标准煤，中远期天然气消费进入平台期，维持在3亿吨标准煤左右水平。煤炭消费于2040年左右进入达峰平台期，峰值约为2.5亿吨标准煤，2050年后呈下降趋势。可再生能源占比持续上升，到2030年、2060年占一次能源消费比例将分别达到28.4%和56.3%（图4.5）。

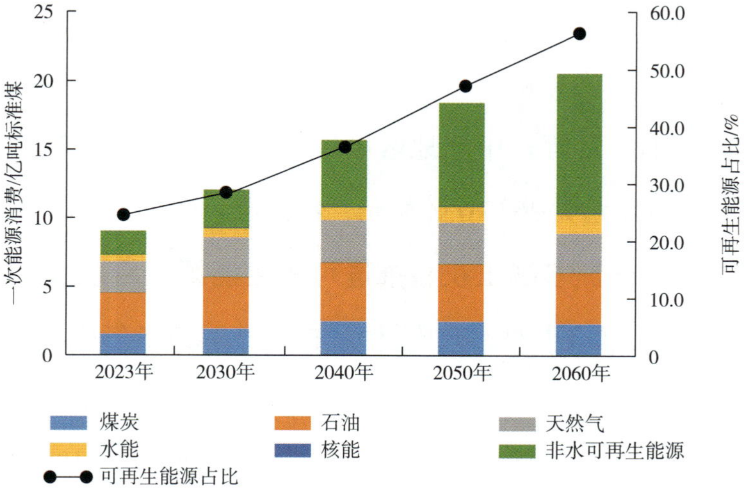

图4.5 均衡转型情景非洲一次能源消费与结构

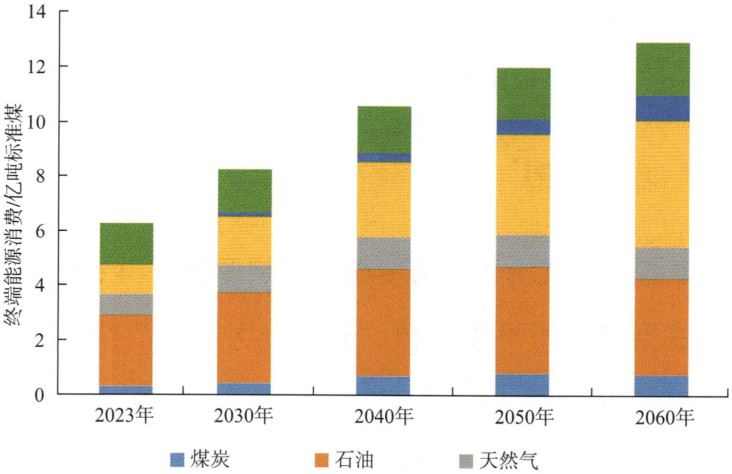

图4.6 均衡转型情景非洲终端能源消费与结构

终端能源消费呈上升趋势，远期电能、石油成为前两大终端能源品种。到2030年、2060年，非洲终端能源消费分别增长至8.2亿吨标准煤、12.9亿吨标准煤。其中，2030年电能、石油消费分别达到1.8亿吨标准煤、3.3亿吨标准煤，到2060年两者分别进一步增至4.6亿吨标准煤、3.5亿吨标准煤。得益于优良的生物质能等可再生能源资源禀赋，到2060年生物质能占终端能源比重达到11.3%（图4.6）。

4.4 北美洲

北美洲经济社会发达，区域合作紧密，经济一体化发展水平高，具有能源资源丰富、科技创新能力领先、教育发展水平高等优势，但面临经济增长放缓、基础设施建设滞后、碳排放量大等挑战。加快清洁能源开发利用、加强基础设施建设和能源领域合作，是推动北美洲能源转型、保障能源安全供应、促进北美洲绿色低碳可持续发展的关键因素。

4.4.1 发展基础

经济方面，北美洲人均GDP世界第一，未来经济增速将逐步放缓，各国通过能源发展战略促进绿色经济转型。2023年北美洲各国GDP总和为29.5万亿美元，约占全球GDP总量的28.0%，人均GDP为5.8万美元，世界排名第一。近年来，北美洲战略扶持新兴产业发展，加速绿色经济发展。美国拜登政府提出美国将在2050年实现100%清洁能源经济和碳中和，以“绿色新政”为框架，依托技术创新、需求激发和基础设施投资三大支柱，向绿色经济转型，创造就业。

社会方面，北美洲人口少，老龄化问题突出，居民教育水平较高，总体城镇化水平高。2023年北美洲人口为5.0亿人，占世界人口的比例约为6%。其中，美国人口为3.3亿人，加拿大人口为4010万人，墨西哥人口约1.3亿人。根据2024年全球创新指数（GII）报告结果，在全球131个国家和地区中，北美洲是最具创新力的地区。2023年，美国城镇化水平为83.3%，加拿大为81.9%，墨西哥为81.6%，远高于56.5%的世界平均水平。

专栏4.4 北美洲经济社会发展预测

美国、墨西哥等国是北美洲经济最具代表性的国家，近中期来看，美国出台《通胀削减法案》等政策吸引制造业回流，失业率较低对居民消费形成支撑，使得美国经济增长动能较为强劲；墨西哥在地缘优势加持下成为北美洲各国“近岸”投资的首选地，2022年成长为美国第二大贸易伙伴国，在区域价值链的地位不断上升。据此预测，北美洲经济将持续低速增长，到展望期末，北美洲GDP总量有望增至50万亿美元。

与欧洲等经济发达地区相似，北美洲的城镇化率高达83%、人口老龄化率超过17%，是富余的“银发社会”。美国是北美洲最具代表性的国家，美国人口规模约占北美洲总人口的66%。尽管美国的总和生育率长期稳定在1.7左右，预计到2040年前后将出现人口自然增长率为负的情况，但是得益于大量的国际迁入人口的补充，预计在2070年前美国人口规模都将维持稳定增长。综合研判，预计北美洲总人口在展望期内将持续增长，到2035年前后增至接近6亿人，到2060年增至6.4亿人左右；北美洲总体老龄化率将在2030年前增至20%、步入超级老龄化社会，到2060年增至25%以上；北美洲城镇化进程还将进一步发展，预计城镇化率到2050年逼近90%。

资源方面，清洁能源资源丰富，开发潜力巨大，化石能源资源储量大，主要分布在美国。北美洲水能、风能、太阳能理论蕴藏量分别为2.1万亿（千瓦·时）/年、488万亿（千瓦·时）/年、24550万（千瓦·时）/

年，分别占全球的7.5%、24%和12%。其中，水能开发比例较高，约为43%，风能和太阳能开发程度低，潜力巨大。通过统筹资源禀赋和需求分布，对集中式和分布式进行协同开发，实现北美洲清洁能源大规模开发和高效利用。北美洲煤炭资源已探明储量达2580亿吨，占全球的24.4%，其中95%以上集中在美国。石油资源较丰富，已探明储量约为355亿吨，占全球的14.1%，其中76%以上集中在加拿大。常规天然气资源禀赋一般，已探明储量约14.0万亿立方米，占全球的7%，但集中度较高，85%位于美国。页岩油、页岩气等非常规油气资源非常丰富，主要分布在美国。

技术方面，北美洲多方位、多角度投资支撑推动清洁能源转型。油气行业的发展和运用在北美洲历史悠久、根深蒂固，其中美国持续为世界最大的石油消费国。北美洲化石燃料使用的降低将主要受到道路运输和居民用能部门加速电气化的推动，以及太阳能和风能发电输出量持续增加的影响。此外，北美洲在碳捕获和储存（CCS）技术、热泵及工业设施氢气电源上的投资与研发都在持续推进。

4.4.2 发展展望

一次能源消费逐步饱和趋降，中远期化石能源消费加速缩减。均衡转型情景下，北美洲一次能源消费将于近中期进入达峰平台期，峰值约为41.7亿吨标准煤，到2060年微降至41.3亿吨标准煤。能源结构呈现明显的化石能源缩减、可再生能源规模扩大趋势，其中煤炭消费持续下降，于2050年前接近退出。石油消费到2030年、2060年分别下降至12.6亿吨标准煤、5.6亿吨标准煤。天然气消费已基本饱和，2035年后将呈明显下降趋势，到2060年降至10.8亿吨标准煤。可再生能源占比持续上升，到2030年、2060年占一次能源比例分别达到21.4%和51.2%（图4.7）。

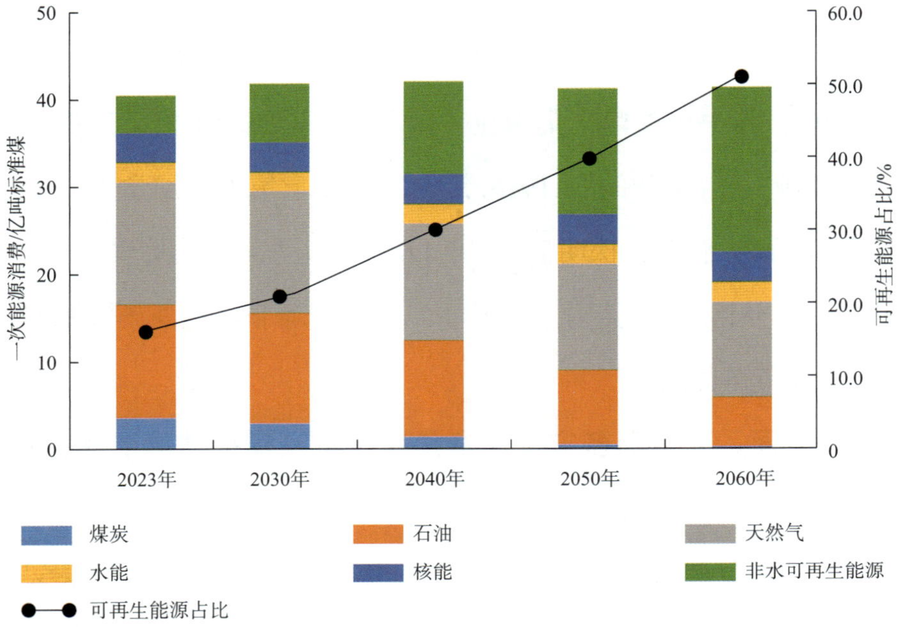

图4.7　均衡转型情景北美洲一次能源消费总量与结构

北美洲终端能源消费于近中期达峰，远期逐步形成以电为中心的终端消费结构，油气仍保持较大占比。均衡转型情景下，到2030年、2060年北美洲终端能源消费将分别为27.7亿吨标准煤和26.1亿吨标准煤。远期2050年左右电能超过石油，成为第一大终端能源品种，到2060年占终端能源比重达到38.0%。得益于优良的油气资源禀赋，远期石油、天然气仍保持前三大终端能源地位，2030年终端石油、天然气消费量分别为11.7亿吨标准煤、6.5亿吨标准煤，到2060年终端石油下降至5.2亿吨标准煤、终端天然气与2030年基本持平。氢能加速推广应用，消费增长迅速，到2060年氢能消费增至3.1亿吨标准煤，占终端能源需求比重达11.9%（图4.8）。

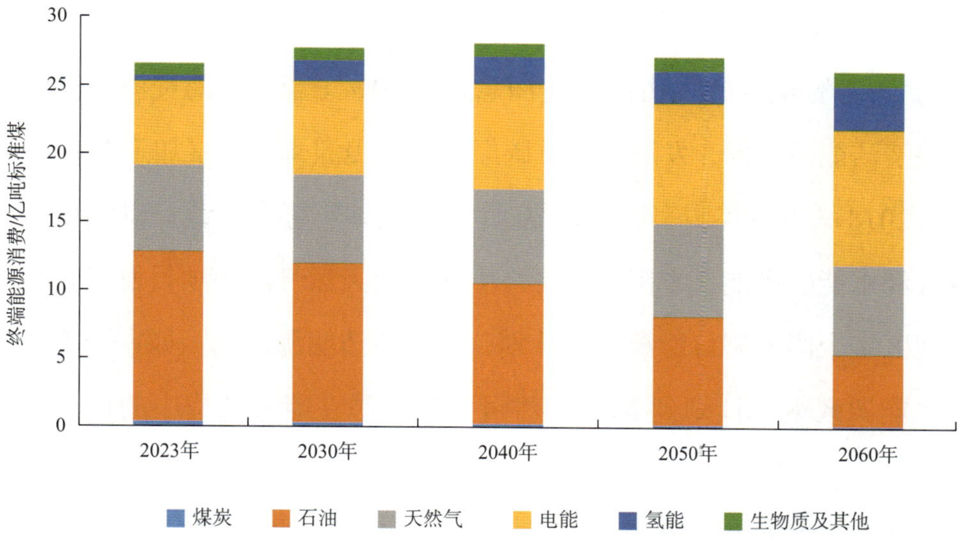

图4.8 均衡转型情景北美洲终端能源消费总量与结构

4.5 中南美洲

中南美洲具有优良的清洁化发展基础，清洁能源资源禀赋较好，各国对绿色发展重视程度较强，但面临经济增长乏力、制造业竞争优势下降和基础设施建设滞后等发展挑战。推动中南美洲再工业化进程和制造业高质量发展，深化区域绿色一体化发展，是推动中南美洲实现经济社会、能源转型和生态环境全面协调可持续发展的重中之重。

4.5.1 发展基础

经济方面，以绿色低碳战略驱动“再工业化”成为中南美洲经济发展的重要方向。2023年中南美洲GDP约为4.8万亿美元，占全球总量的比例约为5%，其中南美洲为4.2万亿美元，占中南美洲总量的比例为

87%。阿根廷、巴西和智利是中南美洲的主要经济体，三国GDP总量合计为2.9万亿美元，约占中南美洲总量的60%。当前中南美洲多国正在加快清洁能源开发，发展绿色低碳经济。中美洲哥斯达黎加于2019年公布《2018—2050年国家脱碳计划》，制定脱碳目标和路线；洪都拉斯积极推动水能、风能、太阳能等可再生能源及天然气能源项目发展。加勒比地区多个国家制订能源发展计划，提高清洁能源占比。如古巴提出可再生能源政策，计划到2030年将可再生能源在能源结构中的比重提高至24%，生物质发电被列为优先发展产业；巴巴多斯鼓励发展可再生能源，计划到2030年完全采用可再生能源发电。南美洲多国以法律和政策支持的方式鼓励清洁能源发展。如巴西于2020年提出《2050年国家能源计划》，强调太阳能光伏发电对巴西能源结构的重要性；智利制订《2050年国家能源政策规划》，力争到2035年和2050年将可再生能源发电占比增加至60%和70%。圭亚那、乌拉圭、厄瓜多尔和秘鲁等国家大力发展清洁能源投资项目等，提供免税或资金支持。

社会方面，中南美洲人口呈现数量少、增速慢的特点，总体城镇化水平高，但与经济发展水平严重不协调。2023年中南美洲人口为5.3亿人，占全球总人口的6.6%，其中南美洲人口约占中南美洲人口的81%以上。2011年起，中南美洲人口增长率逐年下降。中南美洲国家存在过度城镇化表现，城镇化水平与经济发展水平不协调，2023年，中南美洲整体城镇化水平为81.1%，高于56.5%的世界平均水平。

专栏4.5 中南美洲经济社会发展预测

阿根廷、巴西等国是中南美洲经济最具代表性的国家，其中阿根廷的通胀问题短期内仍会恶化，但长期来看得益于气候条件改善、能源部门投资和农业生产的正常化，有望实现经济强劲复苏；巴西的经济发展预期强于阿根廷，但也存在投资和技术要素短缺、依赖大宗初级商品出口贸易等不确定风险。据此预测，拉丁美洲和加勒比地区经济发展较为缓慢，长期来看，GDP增速维持在2%左右的低水平，到展望期末，预计该地区GDP总量和人均GDP均将增至2023年水平的2倍左右。

尽管中南美洲的经济发展水平整体欠发达，但是该地区总体城镇化率较高，是仅次于北美洲的全球第二高地区，而该地区的总和生育率为1.85、人口增长率为6.7‰，与同为发展中经济体的亚洲相似。预计在展望期内，中南美洲的总人口将持续增长，2035年前突破7亿人，到2050年前后增至7.5亿人；老龄人口占比将持续增长，预计在2040年前步入深度老龄化社会，并在2060年展望期末进入超级老龄化社会。

资源方面，化石能源资源禀赋主要体现在石油上，清洁能源开发潜力巨大，矿产资源种类多、储量大。中南美洲石油探明储量仅次于中东地区，约为511亿吨，占全球总量的21%，其中委内瑞拉探明储量约占全球总量的20%，居世界首位。煤炭资源较少，探明储量约占全球总量的1.4%，主要分布在巴西和哥伦比亚。天然气探明储量较少，约为8.2万亿立方米，仅占全球总量的4.2%，其中委内瑞拉探明储量约6.3万亿立方米，且以石油伴生气为主，居世界第6位。中南美洲水能、风能、太阳能资源理论蕴藏量约分别为每年6.6万亿千瓦·时、184万亿千瓦·时、34300万亿千瓦·时。同时，中南美洲拥有大面积热带雨林和大量农耕用地，以甘蔗乙醇和麻风树油为代表的生物质能资源禀赋优异，巴西是全球最大燃料乙醇出口国和第二大生产国。中南美洲还具备一定地热能开发潜力，技术可开发装机容量约3000万千瓦。中南美洲是全球矿业投资、勘探与开发热门区域，智利和秘鲁铜矿储量占世界总量的40%以上；玻利维亚、阿根廷与智利组成的“锂三角”，锂矿储量超过2300万吨，占世界总量的64%。

技术方面，中南美洲基于其丰富的资源进行技术升级，助力能源转型。中南美洲化石燃料、可再生能源及关键矿产储备量大，基于优质丰富的水能、风能及太阳能资源，将风能和太阳能光伏份额不同的国家联系起来降低灵活性需求，同时利用更广泛的可调度资源提高供应的灵活性。巴西利用±800千伏特高压技术解决能源供需距离差和时间差，实现清洁能源大范围优化配置。此外，智利、秘鲁和阿根廷出产的铜、锂资源，广泛应用于电网、电动汽车和电池储能等领域。

4.5.2 发展展望

中南美洲一次能源消费持续增长，整体呈清洁化方向发展趋势。再工业化发展、人口增长等因素推动中南美洲能源需求增长，到2030年、2060年分别增至11.5亿吨标准煤、15.0亿吨标准煤。其中，石油于2030年左右达峰，峰值为3.8亿吨标准煤，到2060年降至2.0亿吨标准煤。天然气于2040年左右达峰，峰值为2.8亿吨标准煤，到2060年降至1.9亿吨标准煤。煤炭于2050年左右趋近退出，中远期能源的持续增长主要由可再生能源驱动，得益于优良的可再生能源资源，到2030年、2060年可再生能源占一次能源比重分别增至39.7%和72.0%（图4.9）。

终端能源消费持续增长，中远期逐步趋于饱和，电能、石油、生

物质能成为最主要的终端能源消费品种。到2030年、2060年，中南美洲终端能源消费分别增至7.2亿吨标准煤、8.7亿吨标准煤。其中，电能、生物质能消费快速增长，到2030年分别增至2.1亿吨标准煤、0.8亿吨标准煤，到2060年分别进一步增至4.0亿吨标准煤、1.1亿吨标准煤。石油消费已逐步进入下降阶段，到2030年、2060年分别约为3.1亿吨标准煤、1.8亿吨标准煤。天然气消费先增后减，于2040年进入达峰平台期，峰值约1.2为亿吨标准煤，到2060年降至0.9亿吨标准煤（图4.10）。

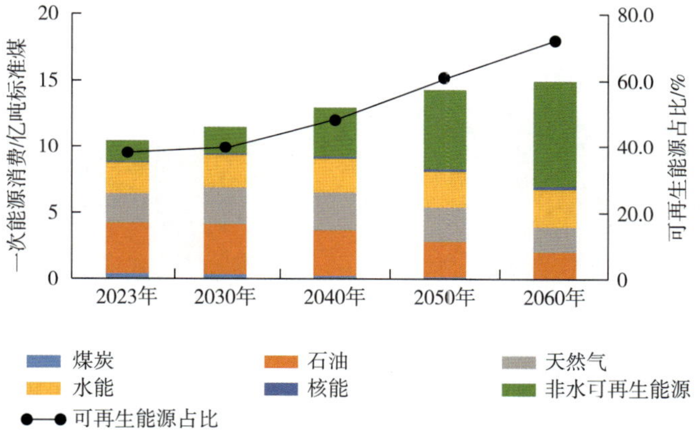

图4.9　均衡转型情景中南美洲一次能源消费总量与结构

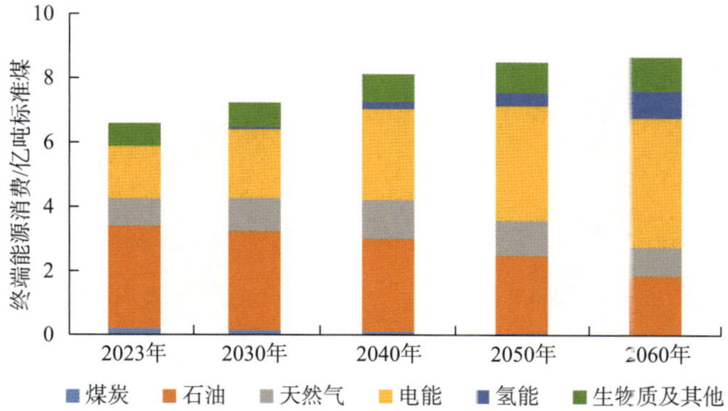

图4.10　均衡转型情景中南美洲终端能源消费总量与结构

第5章

促进能源转型的新兴领域专题

在全球能源转型发展的大势下，新兴技术、产业及市场的发展成为碳减排与绿色经济增长的新动力。国际能源署（IEA）研究表明，到2050年几乎一半的碳减排量将来自电气化、低碳氢能、生物质能及CCUS等关键技术领域，而碳排放权交易是《巴黎协定》倡议和规定的国际碳信用交易及合作机制，是实现资源全局优化及国际合作的基础之一。本章遴选氢能、CCUS、储能和碳排放交易市场等促进能源转型的重点领域，分析各领域的发展进程和未来趋势。

5.1 氢能

5.1.1 氢能发展历程与现状

氢气是一种来源广泛、清洁高效、终端低碳、应用场景丰富的优质资源。氢元素是世界上质量最轻的元素，在地球上分布广泛，在地壳中的质量丰度为0.14%，但由于性质活跃，氢通常以化合态存在于水、有机物等物质中，游离状态的自然氢气储量极少，需要通过物理化学过程才能制取氢气。氢气无色、无味、无毒，燃烧性能好，单位质量热值是天然气的2.5倍、汽油的2.8倍、焦炭的4.2倍，且氢气燃烧不产生二氧化碳和任何污染物，因此被视为零碳的终极能源。在工业化和能源转型进程中，氢气的应用场景不断丰富，除了能源用途，还发挥着重要的工业原料、储能介质等作用。

人类发现和利用氢气已有数百年的历史。1766年，英国科学家亨利·卡文迪许（Henry Cavendish）发现了“可燃气体”氢气。第一次工业革命期间，城镇照明领域首先对氢气（人工煤气的重要成分）进行了商业化、规模化的应用。第二次工业革命之后，化工和炼油产业先后兴起，氢气作为化工原料的重要性和需求量显著提升，工业部门逐渐取代建筑部门成为最大的氢气消费部门。石油危机之后，氢气的“燃料”属性再次引起重视，人们开始积极研发氢燃料电池、氢内燃机等前沿技术。21世纪以来，在应对气候变化问题的紧迫性推动下，在可再生能源产业的蓬勃发展支撑下，在氢燃料电池等技术突破催化下，全球氢能产业迎来了新一轮发展扩张阶段。

当前全球氢气生产利用规模持续增长，应用场景不断开拓丰富。据IEA统计，2023年全球氢气消费总量达到9700万吨，比2022年增长了2.5%。从应用场景上看，99%以上的氢气用于化学和炼油行业，但氢冶金、氢燃料电池汽车、氢基船用燃料等应用场景增长更快，其中道路交通领域的氢气消费量在2023年增长了约55%，不过这些领域的绝对氢气消费规模依然极为有限。从地域上看，中国是全球最大的氢能消费市场、消费量占比为29%，北美市场规模次之、占比16%，中东地区氢气消费量占比为14%，随后是印度市场占比为9%、欧洲市场占比为8%。从供给结构上看，在2023年全球生产的9700万吨氢气中，几乎全部来自化石能源制氢，且极少加装CCS工艺，具体地，天然气制氢占比为64%、煤制氢占比为20%、副产氢占比为15%，而电解水制氢和加装CCS的化石能源制蓝氢占比合计不足1%。

5.1.2 各国氢能发展政策盘点

根据IEA统计，截至2024年10月，全球已有超过50个国家和地区发布了氢能发展战略，覆盖了全球能源相关二氧化碳排放的84%以上。

中国、美国、日本、欧盟等国家和地区纷纷将氢能应用视作实现能源转型目标的关键路径，将氢能产业视作牵引国民经济高质量发展的重要增长点，将氢能技术视作未来大国科技竞争的战略高地。相较而言，氢能领域发展起步早，在低碳氢制备、基础设施建设、氢能技术研发等方面都具备一定的优势；美国秉承“实用主义”，更重视氢能技术的研发和储备，以及全球氢能产业链主导地位的争夺；中国、日本等东亚国家定位为重要的氢气消费国，将氢能引入能源系统的主要目的是统筹本国能源安全与绿色转型目标，并依托构建氢能产业链来升级完善国内现代产业体系；中东地区和澳大利亚定位为重要的氢气资源地，这些国家和地区拥有丰富的化石能源和可再生能源，希望通过生产和出口氢能来保持其在碳中和时代的重要能源出口国地位。

1. 欧盟和美国将氢能产业作为实现碳中和的重要战略方向

欧盟作为能源转型的先行者，发展氢能产业的主要目的是提升能源保障能力，巩固能源转型领先优势，加快重点行业脱碳步伐，实现碳中和目标。欧盟一直是应对气候变化、减少温室气体排放行动最积极的地区，计划于2030年将温室气体净排放量较1990年水平至少减少55%，2050年实现净零排放。近年来随着欧盟能源转型步入深水区，碳排放量最大的工业部门面临碳减排难题。为夯实经济振兴根基，重塑工业竞争力并实现脱碳目标，欧盟正在大力支持氢能特别是低碳足迹氢（下称低碳氢）发展，为钢铁、化工等难减排行业提供碳中和解决方案。欧盟2020年发布氢能战略，设立了清洁氢能联盟，积极推进氢能产业发展，提出要将氢能在欧洲能源结构中的份额从目前的不足2%提高到2050年的13%~14%。欧盟本土能源供给较少，能源对外依存度较高，2020年近60%能源依赖进口。2022年俄乌冲突发生后，为摆脱对进口俄罗斯能源的依赖，欧盟推出了REPowerEU能源计划，明确提出到2030年在欧盟生产1000万吨可再生氢，并进口1000万吨可再生氢的发展目标，展示了欧盟以可再生氢为载体，加快能源转型步伐，保障自身能源安全的雄心。

美国将氢能视为能源转型的关键方向，20世纪70年代以来长期支持氢能和燃料电池关键技术研发和应用示范，目的就是确保在氢能领域拥有全球领先的技术实力。近年来，美国积极出台新政策支持清洁氢发展，力争掌握未来产业的主导权。2021年拜登政府宣布美国计划2050年实现碳中和目标，同年能源部发起了名为“Hydrogen Shot”的氢能科技攻关计划，拟用10年时间将美国清洁氢生产成本从目前的约5美元/千克降至2030年的1美元/千克。在《通胀削减法案》补贴政策引导下，美国企业发展清洁氢（绿氢+蓝氢）意向大幅增加。从规划目标看，2023年美国发布的《美国国家清洁氢战略和路线图》提出，在工业部门、重型运输、长期储能和清洁电网等领域切实推进清洁氢商业利用，明确了氢能产业的发展目标：2030年、2040年和2050年，美国清洁氢年产量将分别达到1000万吨、2000万吨和5000万吨，为能源转型与碳中和目标的实现做出重要贡献。

2. 中国、日本、韩国等国打造未来产业发展的新优势

中国于2020年提出“双碳”目标后，山东、广东、上海等省区市陆续发布省级氢能产业中长期规划，国家和地方政策利好频出。2022年中国发布《氢能产业发展中长期规划（2021—2035）》，强调了氢能作为工业原料和能源的属性，在能源绿色低碳转型中的战略定位，以及对保障中国能源安全、构建新型能源体系、推动能源绿色低碳转型的战略价值，描绘了中国氢能产业中长期发展的蓝图。各部门和地方

政府出台了一系列产业配套政策，涉及氢能技术攻关、财政支持、税收优惠等多方面内容。这期间，中国推出了一系列支持政策，引导行业企业在交通、工业和建筑等新兴领域开展科技创新和氢能应用实践，氢能产业发展的绿色化、低碳化、多元化、标准化和高端化特征更加显著。

日本是氢能发展的先行者，早在20世纪70年代就成立了氢能源协会，开展氢能和燃料电池技术攻关，目前拥有的氢能和燃料电池技术相关专利数量位居世界前列，已在氢能制备、转换、储存、加注和燃料电池应用等关键领域形成了较高的技术壁垒。2017年日本率先发布了国家层面的《氢能基本战略》，发布支持氢能发展的政策措施，积极培育氢能应用场景，明确了2030年的氢能发展目标。日本政府提出，到2030年要在国内外形成15吉瓦电解水制氢能力，构建全球氢能供应链，充分利用世界范围低成本可再生能源和褐煤等能源，结合电解水制氢和CCS等技术发展低碳氢，通过氢液化或化学转化等技术实现氢能远洋运输。到2030年日本氢气消费规模将达300万吨，供应缺口将通过国际贸易满足，包括进口绿氢和蓝氢等低碳氢，并将低碳氢生产环节的生命周期碳排放门槛设为低于 3.4 千克二氧化碳/千克氢（Well to Gate），与欧盟设定的3.38千克二氧化碳/千克氢相近；到2040年和2050年，日本氢气消费量将分别达到 1200万吨和2000万吨。日本2023年最新发布的氢能战略规划特别提出，未来15年日本将投资15万亿日元推广氢能应用，并将目标应用领域从以往的交通、居民和电力部门进一步拓展到供热、钢铁和石化等难减排行业，为2050年实现碳中和目标奠定基础。

韩国2019年发布《氢经济发展路线图》，提出要在2030年进入氢能社会。其远期规划的燃料电池汽车和加氢站目标均位于全球前列。2021年公布了旨在发展氢能产业的“氢能领先国家愿景”，争取到2030年构建产能达100万吨的清洁氢能生产体系，并将清洁氢比重目标从之前的40%提升至50%。积极发展氢能以保障能源安全，同时希望氢能产业能够成为未来经济发展新的增长极，打造氢经济领先国家。政府长期支持氢能科技研发，2003年将氢能定位为韩国“21世纪前沿科学计划”主攻技术领域之一。2018年将氢能经济与人工智能、大数据并列为三大战略投资领域，力争在氢能产业链各环节占得先机。与日本相似，韩国也存在资源短板，希望构建海外氢能供给体系，积极与美国、澳大利亚、智利等资源国建立氢能双边或多边合作关系。

3. 沙特阿拉伯等资源型国家争抢氢能出口贸易国地位

以沙特阿拉伯、澳大利亚为典型代表的资源型国家，拥有丰富的化石能源和可再生能源资源，积极致力于成为低碳氢能生产和出口大国，在碳中和时代保持主要能源出口国的地位。为抓住全球能源加速转型带来的新机遇，澳大利亚、沙特阿拉伯先后发布了涵盖氢能生产和出口的产业扶持政策，与日本等主要能源进口国合作，携手开发氢能市场，争取在氢能国际贸易中占得先机。澳大利亚2019年发布《国家氢能战略》提出，力争到2030年成为全球氢能产业的主要参与者。澳大利亚拥有丰富的能源资源，制氢来源可选项较多，低碳氢能出口贸易首选太阳能发电等可再生能源制氢，其次为化石能源制氢与碳捕集封存（CCS）技术结合。西澳大利亚东南部正在规划建设一个综合性绿色燃料大型项目，配套50吉瓦风电和光伏装机，远期规划形成350万吨/年绿氢产能，预计2027年该项目做出最终投资决策。近年来，澳大利亚政府积极推动与日本、韩国等国的氢能产业合作，开拓氢能出口市场。沙特阿拉伯虽暂未发布氢能国家战略，但明确表示将致力于成为世界最大氢气出口国，并将氢能作为国家长期能源战略的一部分。沙特阿拉伯不仅拥有巨大的天然气储量，同时拥有丰富的太阳能资源，在蓝氢、绿氢生产方面都具备资源优势。该国正在NEOM地区的Oxagon建设世界级绿氢工厂，计划投资84亿美元，整合4吉瓦光伏、风力发电和储能系统，2026年项目投产后，氢气产量预计可达600吨/日（约合22万吨/年）。沙特阿拉伯正在规划建设数个大型绿氢生产基地项目，展现了其未来抢占国际氢能出口市场的决心。

5.1.3 氢能发展分析与展望

1. 氢能发展路径

氢气的应用场景在工业、交通、建筑、发电等领域均有分布，氢气的应用形式分为工业原料、燃料和储能介质三大类，其中工业部门兼有原料和燃料两种氢气应用形式，交通部门和建筑部门以燃料用途为主，发电部门以储能介质用途为主。

从工业部门看，现有的氢气应用场景以炼油和化工原料为主，极具潜力的未来应用场景还有冶金还原剂和零碳高品位燃料。其一，炼油加氢规模与全球交通能源转型和成品油需求有关，预计全球成品油消费量将增至2030年左右的峰值随后下降，炼油加氢规模也将随之变化。其二，氢气在化工行业主要用于甲醇和合成氨两种产品的生产过程，目前来看，甲醇的主要用途是作为一种基本有机原料来生产甲醛、醋酸等化工产品，合成氨的主要用途是作为一种无机化工产品来生产化肥，随着发展中国家经济社会发展与消费水平提升，到2060年，化工原料用途的甲醇和合成氨需求有望增至2023年的2~3倍，除此之外，绿色甲醇和绿氨也将广泛用于航运业脱碳，因此化工行业的氢气消费量将维持增长态势。其三，钢铁行业目前主要以焦炭作为冶炼还原剂，能源消费结构中煤炭占比较高，用绿氢替代焦炭作为还原剂可以显著优化能源消费结构、降低行业碳排放水平，尽管发达经济体的钢铁需求已达到饱和水平，但是新兴经济体发展将带动钢铁需求的增长，预计2030年前，全球钢铁需求将保持2%左右的增速，到远期趋于饱和。

从交通部门看，氢能将广泛用于重载、远途的运输场景中，例如公路交通领域的重型卡车和水路交通领域的远洋货轮，随着技术进一步研发突破，远期氢能在铁路交通和航空运输领域也将取得应用。氢能在交通部门的应用形式有两种，一是以氢燃料电池供能，它的能量转化效率更高，在载重相对较轻的卡车、观光船等交通工具上应用较多；二是以氢（或氢基燃料）内燃机供能，它的能量转化效率较低，但输出马力更大，适用于远洋货船等低速、重载的应用场景。由于技术成熟度更高且成本承受力更强，预计公路交通领域将率先推广应用燃料电池汽车，氢气消费量将领先增长；到2030年后，在技术进步和碳排放约束的叠加作用下，航空和航运领域也将显著扩大氢能应用，替代传统高碳能源。

从建筑部门看，氢气的应用形式主要有两种。一是天然气掺氢燃烧，这种技术的成熟度和设施的覆盖度相对较高，在诸多经济较发达的地区已经取得了成功的示范应用，预计其氢气消费变化趋势与建筑部门天然气消费变化趋势相似。二是借助氢燃料电池系统进行热电联供，这种技术更适用于商用和公共服务建筑，以及电价较高的发达经济体和电网设施欠佳的发展中经济体。总体来看，由于建筑部门的能源价格承受力远低于交通部门和工业部门，因此预计建筑部门推广应用氢气最晚、规模最小。

从发电部门看，氢气的主要应用形式是作为电能储存调度的载体，亦可与天然气等燃料掺烧发电。前者在碳中和目标下的高比例可再生能源系统中的意义更大，有利于实现异质能源跨地域和跨季节优化配置，为电力系统提供更高水平的灵活性、稳定性、安全性和可靠性。目前，日韩、美国、欧盟等发达经济体，中东、东南亚等可再生能源资源地，都在探索布局氢发电项目。然而，考虑到在可预见的技术水平下“电—氢—电”能量转化效率偏低，电池储能的产业成熟度和技术突破更为成熟和乐观，因此本书对发电部门氢气消费量的预测相对保守，即氢能将重点在供电应急保障领域发挥难以替代的作用。

2. 氢能发展展望

氢气消费快速增长，能源用氢比例不断上升。在均衡转型情景下，预计氢能消费将呈持续增长态势，到2030年，全球氢气消费规模将迅速增至1.4亿吨左右，到2050年左右达到2.9亿吨，并于2060年超过3.4亿吨（图5.1）。按低位发热量计算，预计到2030年、2060年，全球

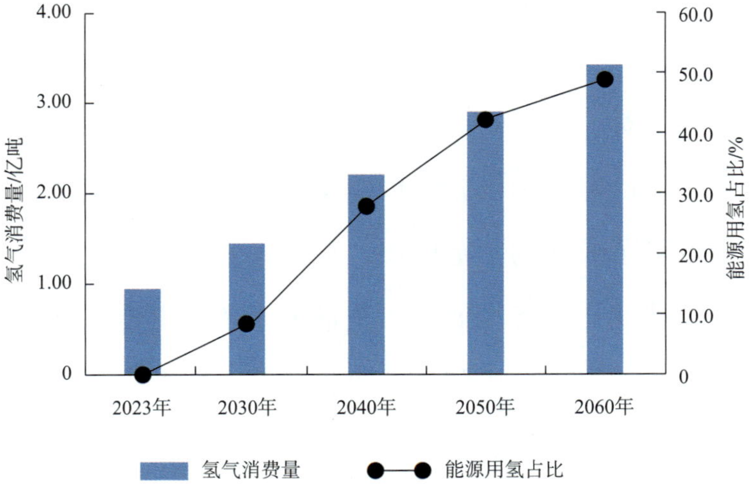

图5.1　氢气消费总量及能源用氢占比

氢气消费分别占终端能源消费总量的3.6%和8.8%。在全球能源绿色低碳转型进程中，氢气的能源属性将迅速升高，全球氢气消费中的能源用途占比将从2023年的2%左右大幅增至2030年的8.7%左右，并将在2060年前后接近50%。与此同时，尽管化工原料用途的氢气消费占比逐步下降，但其绝对消费量也将长期稳定增长，将从2023年的9000多万吨逐步增至2060年的接近1.8亿吨。

从消费部门看，工业部门将始终是氢气消费量最大的部门，交通部门是氢气消费增长最快、增幅最大的部门，建筑部门和电力部门的氢气消费量和占比也将有显著提升。从工业部门看，预计氢气消费量将在2030年前突破1亿吨，在2040年达到1.5亿吨，到2060年增至2.1亿吨，与此同时，由于其他部门氢气消费量更快增长，工业部门在全球氢气消费总量中的占比将大幅下降，预计将从当前的接近100%锐降至2030年的84%左右，远期将进一步降至63%左右。对于交通部门，近中期在燃料电池汽车用氢增长驱动下，远期在航运业、航空业用氢增长驱动下，该部门氢气消费总量将呈指数级增长，预计从2023年的几十万吨增至2030年的2000多万吨、2040年的4000多万吨和2060年的接近1亿吨，相应地，交通部门在全球氢气消费总量中的占比将从2023年的0.4%提升至2060年的30%以上。随着可再生能源在能源系统中占比的提升，以及终端用能电气化转型的深入，电力部门和建筑部门的氢气消费需求也将明显增长，预计将从2023年的几十万吨增至2060年的1000万吨左右，为促进电力存储调度和终端部门深度脱碳做出贡献（图5.2）。

从消费地区看，亚洲与太平洋地区、欧洲和北美洲地区是氢气消费推广最早、规模最大的地区，受经济发展阶段和产业结构影响，中

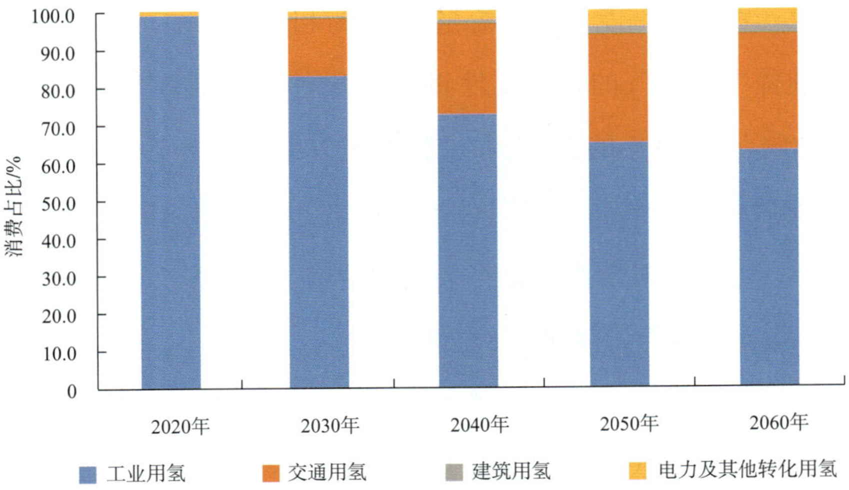

图5.2　氢气消费结构

南美洲和非洲将较晚实现规模化应用氢气。对于亚洲与太平洋地区而言，由于炼油化工产业规模最大，所以当前氢气消费存量规模最大、远期增幅最小，预计地区氢气消费总量将从2023年的6000多万吨增至2060年的1.3亿吨左右，亚洲与太平洋地区在全球氢气消费总量中的占比将从2023年的接近70%降至2030年的60%左右和2060年的40%左右。欧洲地区在能源体系加速绿色转型推动下，氢气消费规模加速扩张，地区氢气消费总量在2040年前后突破5000万吨，在2060年达到8000万吨。北美洲地区的氢气消费趋势与特征与欧洲类似。非洲和中南美洲地区2023年的氢气消费规模合计仅有100万吨左右，在全球氢气消费总量中占比为1%，预计随着地区工业化建设和生产生活用能结构优化，氢气消费规模将加速增长，到2040年增至1300万吨、占比超过6%，到2060年增至约4400万吨、占比超过13%（图5.3）。由于全球各地区供需结构不平衡，氢能国际贸易将成为未来跨国能源贸易的重要品种。结合各地区资源禀赋和终端需求，预计亚太和欧洲地区将成为主要的氢气进口地区，非洲、中东等地区将成为主要的氢气出口地区。

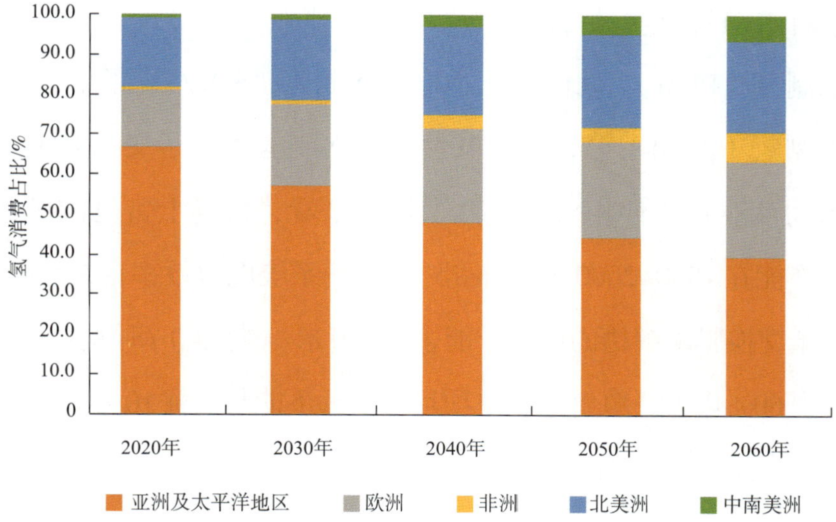

图5.3 各地区氢气消费占比

5.1.4 未来需关注的重点技术领域

尽管在低碳转型目标下，氢能可以为各个用能部门提供关键的脱碳方案，全球氢能生产利用规模的增长潜力极大。但是从近期产业进展看，氢能产业的发展速度有所放缓，特别是绿氢生产增长速度低于预期。究其原因，供给侧的技术成熟度低、供应链不完善，与需求侧的应用成本高、市场拓展慢之间形成了双向制约。因此，为了促进氢能产业发展和氢气作用发挥，需要重点关注以下氢能领域关键技术。

大规模、低成本、高效率、灵活性电解水制氢技术。当前广泛应用的制氢技术主要分为煤制氢、天然气制氢和电解水制氢三大类。其中，煤制氢和天然气制氢的技术成熟度更高、市场份额更大，在煤炭和天然气价格水平较低时，煤制氢和天然气制氢显现出巨大的成本优势，但制氢过程中生产1千克氢气的碳排放强度在10千克二氧化碳以上，与绿色低碳转型理念不符。因此，利用可再生能源发电制氢技术被寄予厚望。

电解水制氢技术又可细分为碱性电解水制氢（ALK）、质子交换膜电解水制氢（PEM）、固体氧化物电解水制氢（SOEC）、阴离子交换膜电解水制氢（AEM）等，其中碱性电解水制氢和质子交换膜电解水制氢技术的商业化条件相对更成熟。目前来看，市场上常见的碱性电解槽单槽产能在1000~2000米^3（标准）/时，系统电解效率在55%~60%左右；质子交换膜电解槽的单槽产能多在200米^3（标准）/时左右，系统电解效率在60%以上。电解水制氢项目规模远不能与动辄10万米^3（标准）/时的煤制氢或天然气制氢项目相提并论，因此其工业化大规模应用尚处在示范探索阶段，亟待在技术、装备、控制系统等方面加强研发和建设。

从全球范围来看，电解水制氢成本的变化区间较大，目前在2~10美元/千克之间，总体相当于煤制氢成本的2倍以上、天然气制氢成本的1.5倍以上。影响电解水制氢成本的主要因素是电解设备投资和用电成本。对于电解设备投资而言，一方面与技术路径有关，目前看来碱性电解水制氢设备的单位投资远低于质子交换膜电解水制氢，但是两种技术研发已然显现借鉴发展的特点，即碱性电解水制氢设备通过使用复合材料隔膜和贵金属催化剂来提高反应效率，质子交换膜电解水制氢设备通过降低贵金属载量来控制成本，预计二者的价差将会缩小；另一方面与制造商有关，目前来看中国制造具有显著的成本优势，但是随着过剩产能出清和技术研发迭代，中国制造的设备降本将从高速轨道切换至低速轨道。对于用电成本而言，一方面与电解效率有关，它直接影响到单位氢气产量的耗电情况，电解水制氢的理论效率上限在80%以上，尽管工业实践每1%的能效提升都需要克服重重困难，但这依然指示着该领域存在极大的节能创效空间；另一方面与电价有关，可再生能源发电度电成本是基础，电力存储调节成本也要考虑在内，因为全年太阳能或风能发电的利用小时数仅有1000~3000小时，且电力的随机性、波动性较强，很难直接适配“安稳长满优”的工业生产体系。

在科技进步、规模制造、设施完善、应用示范等因素的共同驱动下，预计未来10年将成为电解水制氢成本快速下降的阶段，到2035年，全球主要国家和地区的电解水制氢成本都将降至2美元/千克左右，届时，在灰氢碳排放成本叠加作用下，电解水制氢经济性将得以充分显现。

氢气高效储运技术。随着氢气应用规模的扩张，以及氢气应用场景的多元化、分散化，氢能产业对高效储运技术的诉求愈发迫切。目前看来，在远距离、大规模场景下，氢气管道运输是应用最多的形式；在近距离、小规模场景下，利用长管拖车运输高压气态氢气的形式最为常见；在远洋贸易场景下，液氢、甲醇、合成氨、液态有机物储氢等形式都在探索中。从氢气供应总成本来看，储运环节的成本占比往往在10%以上，远高于煤炭、石油、天然气等传统能源产品。究其原因，一是氢气压缩转换过程中的能耗大，以氢气液化为例，液化过程的电耗强度在10~15（千瓦·时）/千克氢气左右，相当于损耗了氢气蕴含低位发热量的1/3~1/2；二是储氢容器的自重大、成本高，以车载储氢瓶为例，70兆帕Ⅳ型瓶的容重比仅有8%左右，20兆帕Ⅰ型瓶的容重比不足2%，大容积、轻量化、高压力、低成本是储氢瓶技术的发展趋势，再以纯氢长输管道为例，投资建设成本高达500万元/千米，若该地区没有每年万吨级的氢气消费市场，受资产折旧影响，氢气运输成本将显著攀升。

氢安全技术。由于氢气的分子小、易逸散、易燃易爆，随着氢气的推广应用，氢安全问题引发越来越多重视，监测、控制、应对氢安全问题的相关技术也亟待取得突破。例如，在规模化电解水制氢领域，需积极控制频繁调整工作负荷导致的氢气氧气混合和爆炸风险。又如，在公路交通领域，需妥善处理加氢站、特别是油氢合建站运营的本质安全问题。再如，在建筑部门天然气掺氢领域，氢气使用分散性强，用户成本敏感性高，需着力解决氢气逸散的监测和回收问题。

5.2 碳捕集、利用与封存

5.2.1 CCUS主要环节及类型

二氧化碳捕集、利用与封存是指将CO_2从能源利用、工业过程等排放源或大气中捕集分离，并运输到适宜的场地加以转化利用或长期封存的过程，可实现大规模碳减排。CCUS产业链包括CO_2捕集、运输、利用或封存三大环节（图5.4）。

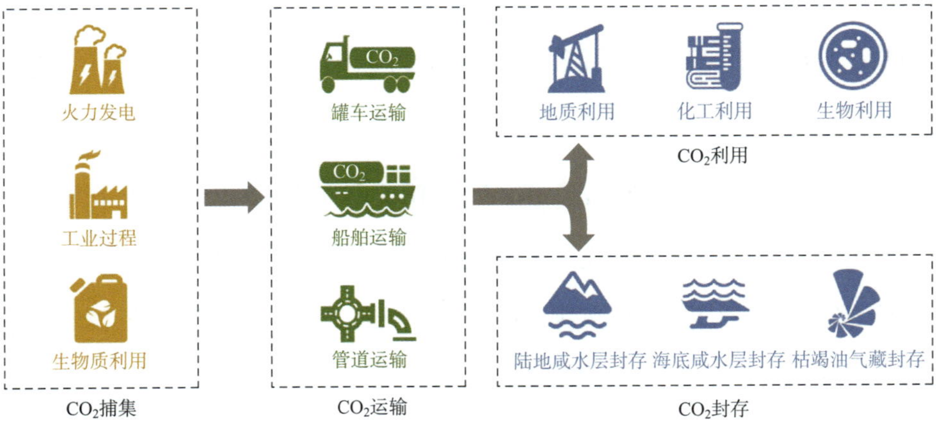

图5.4　CCUS产业链主要技术环节

捕集环节。捕集环节指将电力、钢铁、水泥、石化、煤化工等行业化石能源利用过程中产生或大气中的CO_2进行分离和富集的过程。该环节技术密集且能耗大、成本高，是影响CCUS商业化和产业化的关键所在。CO_2捕集源主要有三类：一是锅炉烟气，特点是分布广泛、排放量大，但CO_2浓度较低；二是工艺过程副产气或排放气，同样分布较广、排放量也较大，但除了部分煤化工过程和天然气处理尾气外多是中低浓度CO_2排放源；三是生物质燃烧排放气，多被认为属于资源再利用的“零碳排放”过程，排放量相对较小，且CO_2浓度中低。CO_2捕集方法主要有吸收、吸附、膜分离、低温分馏、富氧燃烧等，当前已具备大规模示范能力。CO_2捕集场景主要分为燃烧前捕集和燃烧后捕集。燃烧前捕集技术是指在含碳和含氢燃料燃烧前将CO_2从燃料或者燃料变换气中进行分离和回收的技术。当前，燃烧前捕集技术中，物理吸收法的技术成熟度最高，初步达到了商业应用水平。燃烧后捕集技术是指从燃煤电厂和其他工业燃烧过程除尘和脱硫后的烟气中分离和回收CO_2的技术。相比其他CO_2捕集技术，燃烧后捕集技术在当前应用较广泛，是成熟度较高的捕集技术。

运输环节。运输环节指将捕集处理后的CO_2运送到利用或封存地的过程。CO_2运输匹配的场景也有三类：一是罐车运输，特点是灵活性高、投入较少，但运输量较小、成本较高，适用于小规模、近距离运输；二是船舶运输，灵活性高，而且中小规模、远距离运输成本低，但近距离运输经济性较差，适用于近岸捕集和离岸封存；三是管道运输，具有运输量大、成本低的显著优势，但存在灵活性差、投资大的部署难点，适用于大规模CCUS部署。

利用或封存环节。利用或封存环节匹配的场景更为丰富和复杂。CO_2利用是通过工程技术手段将CO_2实现资源化利用的过程，包括直接利用、地质利用、化工利用、生物利用、矿化利用等。其中，直接利用指生产高纯度工业级和食品级CO_2，利用方式简单，应用广泛，但因难以长期固化CO_2而存在一定争议；地质利用指将CO_2注入地下强化油气和地热等能源开采、促进资源生产的过程，是目前应用规模最大的利用途径；化工利用指通过化学合成将CO_2转化成高附加值化学品和能源，如甲醇、乙烯、碳纳米管等；生物利用指通过模拟自然界中植物和微生物等光合作用将CO_2转化为食品、化学品和生物燃料等；矿化利用指通过与碱性物质发生中和反应，将气态CO_2转化为碳酸盐类等固体物质进行再利用。封存指通过工程技术手段将CO_2长期保存在选定地点的过程，主要包括地质封存、海洋封存、生态储存等。其中，地质封存选定的地点可以是陆地咸水层、海底咸水层、枯竭油气藏及深部不可开采煤层等，目前受限于经济性等原因尚未实现大规模持续应用；海洋封存可能在深海的海洋水柱、沉积物、天然气水合物上得以开展，但由于实现难度较大且存在安全和环境风险，相关推进工作尚在起步阶段；生态储存指对森林、草原、湿地、冻土和海洋等生态系统进行保护和强化从而吸收更多CO_2，但受限于土地面积和耕地保护等影响，发展潜力存在一定制约。

5.2.2 CCUS成本与效益分析

高成本、高能耗是当前CCUS技术广泛应用的主要约束，但未来成本将逐步下降。分环节看，捕集成本是未来成本降低的重点。CO_2捕集技术成本在CCUS全流程中占比最大。不同捕集技术适用于不同浓度的排放源，叠加技术成熟度不一，因此各技术间成本差异较大。其中，当前成本最低是低温分馏技术，技术成熟度较高，已经完成工业示范，平均成本低于30美元/吨CO_2。化学吸收法是现阶段最具规模化应用的燃烧后捕集技术，已经完成工业示范并初步达到了商业应用水平，成本约31美元/吨CO_2。物理吸收法是燃烧前捕集技术中成熟度最高的技术，初步达到了商业应用水平，成本在36美元/吨CO_2左右。物理吸附法实现工业示范较早，但近年来进展相对缓慢，成本超过43美元/吨CO_2。此外，膜分离、富氧燃烧和化学链燃烧等技术被广泛认为是具有发展和应用潜力的新一代捕集技术，成本在43美元/吨CO_2左右。

二氧化碳驱油封存（CCUS-EOR）是近中期有望盈利的技术路径，其他利用与封存技术于中远期有望具备经济性。CCUS-EOR技术较成熟且有大规模应用经验，在油价较高水平下能够实现盈利。CO_2化工利用业务，技术总体成熟但应用经验较少，2035年前难以实现盈利。CO_2地质封存业务，部分技术成熟且有一定应用经验，全流程成本低于驱油封存全流程成本，但由于地质封存无产品销售收益且全流程碳排放量和泄漏量可能多于封存量，从而无法实际获得收益。不同业务CCUS全流程成本受技术成熟度、排放源CO_2浓度、工业流程、项目布局、碳价等多因素影响。未来CCUS技术产业化需求大幅增加，规模化效应将逐步显现。CO_2用于驱油封存、化工利用、地质封存成本将显著下降。此外，随着未来全球碳价的增长，CCUS技术的收益空间将得到有效提升，大大提高CCUS技术经济可行性。

CCUS是实现全球气候目标不可或缺的减排技术，但全生命周期碳足迹仍高于可再生能源，未来其作用定位是“补充减排”。CCUS在全球气候变化应对中扮演着越来越重要的角色，从被纳入多个全球减排情景评估，到正式提出作为减排关键技术，再到被明确作为全球气候目标实现不可或缺的减排技术组合，CCUS技术的地位和作用不断得到强化。但相较于可再生能源，从全生命周期的角度看，风电和核电的温室气体排放量仅有10克CO_2/（千瓦·时）左右；水电的排放量不超过35克CO_2/（千瓦·时）；太阳能光伏发电排放量介于56～98克CO_2/（千瓦·时）之间；CCUS比可再生能源及核电排放量要高，经初步计算，对于CO_2捕集率为90%的燃煤电厂，若采用咸水层封存则温室气体排放强度为138～179克CO_2/（千瓦·时）；若采用强化采油，由于循环CO_2有散逸量，其排放强度为192～242克CO_2/（千瓦·时）。因此，相较于可再生能源，CCUS的减排效益较弱，未来在充分优先发展可再生能源的基础上，CCUS将在难减排的化石能源领域发挥重要补充作用。

专栏5.1 全球气候目标下CCUS的角色定位

CCUS作为一种新兴的减排技术，被赋予重要的地位和作用。由于美国和欧佩克（Organization of the Petroleum Exporting Countries，OPEC）国家的支持，政府间气候变化专门委员会（IPCC）于2005年发布了《二氧化碳捕集和封存》特别报告，CCUS开始在国际气候治理上受到重视。2010年的坎昆气候谈判大会明确将CCUS纳入清洁发展机制（CDM）中，使得CCUS的重要性和影响逐步提升。

根据IPCC研究表明，如果没有CCUS，大多数情景根本无法实现2℃温控目标。同时指出，在2℃情景下，到21世纪中叶，电力行业要率先实现近零排放，其他行业排放均要有所下降。到21世纪末，电力行业需深度减排并实现大幅度的负排放，而要达到这一目标必须依赖CCUS。如果没有CCUS技术，要实现2℃目标，减排成本将非常高，没有CCUS的情景相比有CCUS的参照情景，减排成本将至少翻倍。

5.2.3　CCUS发展展望

未来CCUS全流程成本将逐步下降。考虑运输距离为100千米，2023年CCUS的全流程成本为43~70美元/吨，其中捕集环节占52%~61%，运输环节占26%~30%，封存环节占14%~19%。未来成本随时间下降，到2030年后有望降至32~57美元/吨，到2060年进一步下降至13~29美元/吨。造成成本预估上下限差异的主要因素包括：捕集方式不同，通常燃烧前捕集成本小于燃烧后捕集成本；运输方式不同，在长距离运输时管道运输成本小于罐车运输成本；封存成本根据实际情况有浮动空间。CCUS全流程成本上下限展望见图5.5、图5.6。

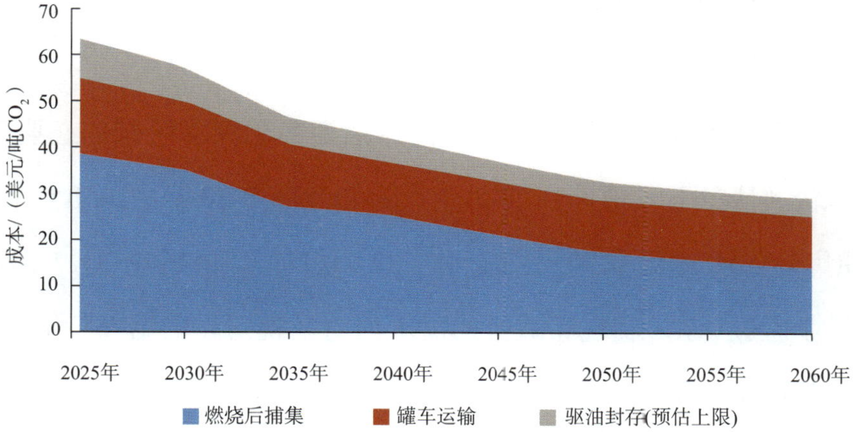

图5.5　CCUS全流程成本上限展望

CCUS业务主要发展方向为地质封存（包含驱油封存）、化工利用等。全球CO_2地质封存潜力理论上约为10万亿吨，其中80%以上位于

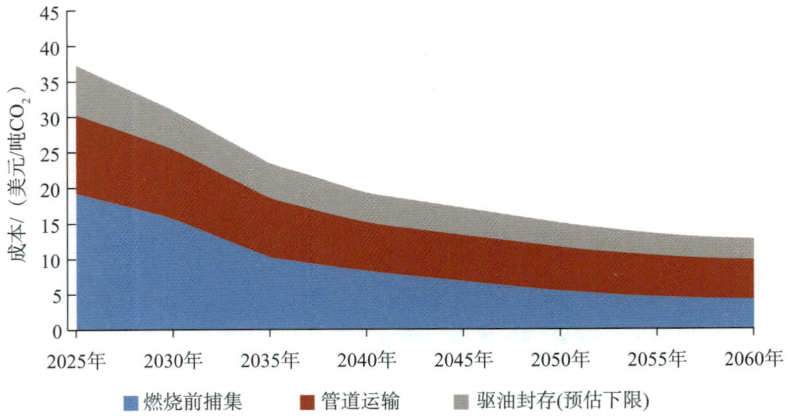

图5.6　CCUS全流程成本下限展望

咸水层。由于地质、工程等因素限制，实际储存容量远低于这一数值，但仍可以满足到2100年将温度变化限制在1.5℃的二氧化碳储存需求。限制CO_2地质储存最主要因素为适宜封存的地质储存空间分布的不均匀性。例如，仅美国的储存潜力就超过1万亿吨CO_2，占世界总量的10%以上，中东地区拥有全球50%以上的CO_2驱油提高采收率潜力。此外，CO_2化工利用方面，目前全球利用潜力为每年1亿~2亿吨，预计未来有较大增长空间。

CCUS应用规模不断扩大，成为中后期实现深度脱碳的必要手段。在均衡转型情景下，预计到2030年、2040年、2050年、2060年的全球CO_2捕集量分别为1.1亿吨、5.2亿吨、22.4亿吨、47.0亿吨CO_2（图5.7）。不同行业通过CCUS实现碳减排的需求潜力呈现明显的错峰特征。煤化工行业各类排放源CO_2以高浓度为主，捕集成本最低，通过CCUS进行碳减排较为合适。电力行业各类排放源CO_2以中浓度为主，捕集成本高于煤化工。其中，燃煤发电CO_2排放量大，具有较大的碳减排需求，开展CCUS的紧迫性较高。重工业行业中，水泥行业各类排放源CO_2也以中浓度为主，而钢铁和石化行业则高、中、低排放源兼有之，且以

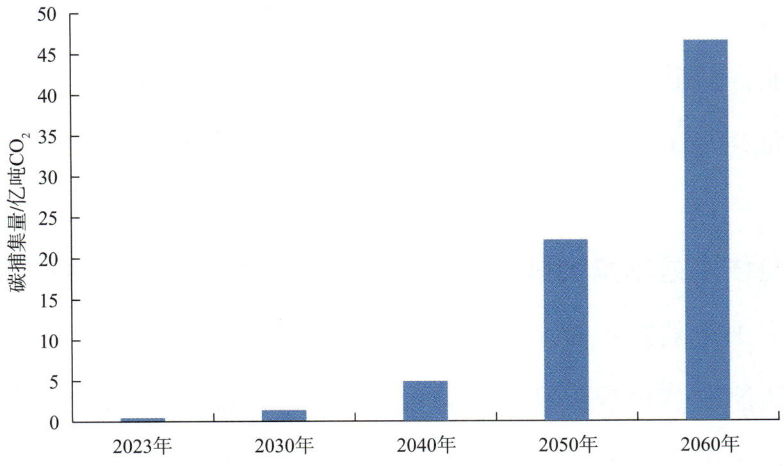

图5.7　均衡转型情景全球碳捕集量

低浓度排放源为主，捕集成本较高。此外，钢铁和石化行业存在需要高品位热的生产环节，如炼焦、高炉炼铁、蒸汽裂解制乙烯等，在短期内难以实现电气化，同时，水泥行业石灰石分解是必要的过程碳排放，因而重工业有较多环节的碳排放难以通过其他常规技术手段削减，CCUS是这些环节实现深度脱碳的必要方式。

5.3 新型储能

5.3.1　新型储能的定义与主要作用

新型储能泛指除抽水储能外的新型储能技术，主要包括电化学储能、电磁储能、热储能、氢储能、飞轮储能等。从新型储能技术的分类看，根据能量存储形式的不同，广义储能可分为机械储能、电化学储能、电磁储能、热储能、氢储能等，其中机械储能主要包括压缩空气储能、飞轮储能和超级电容储能等，电化学储能是指各种二次电池储能，储能电池类型主要包括锂离子电池、铅蓄电池、液流电池、钠硫电池等。目前，新型储能整体处于研发示范向商业化初期过渡阶段。

储能技术是支撑大规模发展新能源、保障能源安全的关键技术。随着许多国家陆续宣布“碳中和”目标，水能、太阳能、风能等可再生的清洁能源装机规模和发电量显著提升。但新能源高比例并网给新型电力系统安全稳定运行带来挑战。新能源高比例接入电力系统后，将导致发电波动大幅增加，增加了维持电力平衡的难度，电力系统面临诸多挑战。一是风能、太阳能等发电方式受自然因素影响较大，具有明显的随机性和波动性；二是电网的日内净负荷（总用电负荷扣除新能源发电量后的负荷）呈现U形曲线特征，电网的短期（日内）电力电量平衡调节难度日益增大；三是多种能量间的耦合关系和相互制约，影响多能系统的灵活性和可靠性。随着电力系统中能量单元种类增加，多种能源之间的强相关和紧密耦合关系将更加突出，多能系统的灵活性和可靠性亟待提升。风力发电、光伏发电本身的波动性和间歇性决定了灵活性将是新的能源系统必不可少的组成部分。从技术属性来看，储能正好能够满足新的能源系统对灵活性的需求。一方面，可解决风、光出力高峰与负荷高峰错配的难题，增加谷负荷以促进可再生能源的消纳；另一方面，可解决风、光出力随机性和波动性带来的频率稳定难题，尤其是电化学等响应速度较快的新型储能，能提供调频服务提高电网可靠性。电网将由“源—网—荷”的传统运行模式逐步过渡到“源—网—荷—储”协调运行模式。

5.3.2 新型储能发展现状

目前，许多国家和地区通过制定和修订国家战略、产业政策和标准法规等，加快新型储能产业布局。根据中国能源研究会储能专委会/中关村储能产业技术联盟（CNESA）全球储能项目库的不完全统计，截至2023年底，全球已投运电力储能项目累计装机规模289.2吉瓦，年增长率21.9%。其中，新型储能累计装机规模超过91.3吉瓦，达到2022年同期的2倍；锂离子电池仍占据绝对主导地位，年增长率超过100%，其在新型储能中的累计装机占比为96.9%。中国、欧盟和美国继续引领全球储能市场发展，新增储能规模分别达到47%、22%和19%，合计达到88%。

欧盟极为重视储能技术的研发，着力推出发展储能技术的相关政策。2017—2019年，欧盟陆续建立欧洲电池产业联盟（EBA250）、欧洲技术与创新平台"电池欧洲"和"电池2030+"联合研究计划推进不同技术成熟度的研究和开发工作，利用相互衔接互补的机制构建欧洲电池研究与创新生态系统。2021年1月，欧盟宣布设立一个欧洲共同利益重要项目（IPCEI）"欧洲电池创新"，由欧洲12国共同投入29亿欧元，并撬动90亿欧元的私人投资，旨在推进电池价值链的创新研发，建立泛欧电池生态系统。

中国国家和地方制定多项政策积极推动储能技术发展。2021年，国家发展改革委和国家能源局联合印发《加快推动新型储能发展的指导意见》，首次明确了新型储能的发展方向，同时要求各部门合理规划，加快构建完整的政策体系，加强政策的引领作用。自此，国家在新型储能方面的政策频出，2022年印发的《"十四五"新型储能发展实施方案》提出大力推进新型储能由商业化初期逐渐步入大规模应用阶段，同时提升新型储能核心技术的创新，逐步降低系统成本，从而促进国内新型储能市场环境和商业模式的成熟。截至2023年底，中国共计24个省市和自治区发布了“十四五”期间的储能发展目标，到2025年，这些地区将累计实现储能装机规模超过80吉瓦。

美国从顶层设计、财政保障、税收抵免到鼓励多元化技术发展等方面推动储能技术发展。2020年，美国能源部宣布投入1.58亿美元启动“储能大挑战”计划，并于同年12月发布了首个全面储能战略《储能大挑战路线图》。2021年7月，美国能源部提出“长时储能攻关”计划，作为“储能大挑战”计划的一部分，目标是在未来10年内将数百吉瓦的清洁能源引入电网，将储能时间超过10小时的系统成本降低90%。此后美国能源部投入近10亿美元用于储能技术研发示范。

5.3.3 新型储能发展展望

全球储能市场规模和增速将进一步增长。2023年，全球储能市场规模和增速创历史新高。2023年新型储能装机规模达到44吉瓦，同比增长近3倍，预计2024年装机规模将达到67吉瓦，增速达到61%。由于中国出台相关强制性配建储能政策，中国新增装机规模处于领先地位。随着越来越多国家宣布储能支持政策，美国、澳大利亚、日本、韩国、欧洲和拉丁美洲部分地区的装机在逐步增加。随后将以21.2%的复合年增长率增长，2030年装机规模达136吉瓦，远期到2060年将增至约2327吉瓦（图5.8）。从区域看，70%以上的储能增长量集中在新兴经济体，主要原因是在这些地区太阳能发电发展较快，电池储能尤其适合应对典型的太阳能出力的日内波动。

储能成本将持续降低。受储能电池组价格、费用、系统集成商利

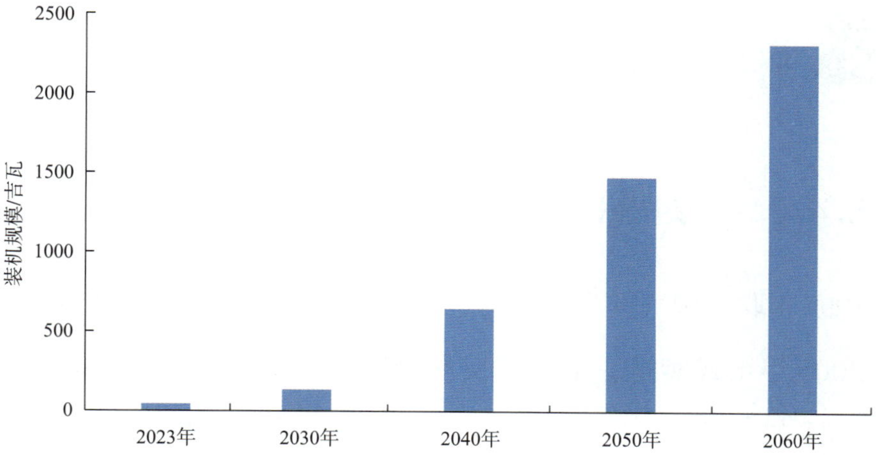

图5.8 全球储能装机规模预测

润率下降及电池电芯供应过剩等因素影响，2023年储能系统成本下降明显，1小时、2小时和4小时储能系统成本分别为327美元/（千瓦·时）、276美元/（千瓦·时）和263美元/（千瓦·时），分别同比下降18.6%、10.4%和24%。假设电池组价格的学习率为17%，意味着每当储能电池容量规模累计翻一番，电池组价格就会下将17%。基于可用容量，以2023年不变价计，预计到2030年大型2小时交钥匙储能项目的造价将从276美元/（千瓦·时）降至162美元/（千瓦·时），到2035年后有望进一步下降至145美元/（千瓦·时）以下（图5.9）。

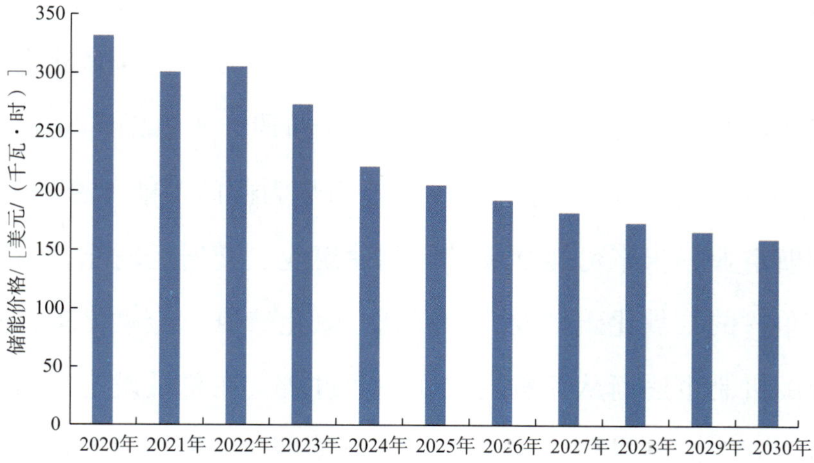

图5.9 全球储能平均价格预测

5.4 碳排放权交易市场

5.4.1 主要国家和地区碳市场发展进程盘点

1997年联合国气候大会上通过《京都议定书》，首次提出碳交易模式，2005年正式实施，推动碳交易全球范围迅速发展。中国、欧盟、美国、日本、韩国、加拿大、哈萨克斯坦、新西兰等主要排放国家及地区纷纷构建碳市场，引入碳排放权交易。在全球“自下而上”合作应对气候变化的新机制下，不少其他国家也已经计划实施或者正在考虑实施碳市场来促进实现减排目标。截至2023年，全球共有36个碳市场实际运行，覆盖全球约18%的温室气体排放、58%的GDP和将近1/3的人口，此外还有20余个国家和地区处于计划实施或考虑实施碳市场机制状态，非洲在碳市场建设方面也取得了实质进展，尼日利亚已宣布着手建设国家碳排放权交易市场。

欧盟碳排放权交易体系（European Union Emission Trading Scheme，EU ETS）开始于2005年，是全球运行最早、规模最大的碳市场。作为欧盟气候变化的核心政策工具之一，EU ETS被纳入了欧盟27个国家及挪威、冰岛和列支敦士登的11000个固定排放设施，约覆盖欧盟45%的温室气体排放。EU ETS发展已经经历3个阶段，于2021年正进入第四阶段（2021—2030年），覆盖范围从电力热力部门等能源密集型产业，扩展到航空业，未来可能继续扩展到建筑业、交通运输业；温室气体种类从单一的二氧化碳排放，扩展到一氧化二氮、全氟化碳；碳排放配额分配机制也逐渐从免费发放向拍卖过渡。在总量设定方面，为了达到至少40%的欧盟减排目标，EU ETS第四阶段所覆盖的行业需要比

2005年减少碳排放43%。因此，排放配额总量从2021年起需每年递减2.2%，高于目前1.74%的递减率。由于英国脱欧，从2021年1月起，英国的设施不再纳入欧盟碳市场进行管理。预计在第四阶段，EU ETS下的行业将额外降低排放量5.56亿吨二氧化碳当量左右，相当于英国的年排放量。

中国碳排放交易体系已成功运行，中国早前在开展低碳试点等方面采取了一系列的政策措施，并逐渐由主要采用命令控制型的政策转向更多利用基于市场的政策工具，开始积极探索利用碳市场来帮助中国实现国内碳排放约束目标和国际减排承诺。建立碳市场的相关计划在“十二五”规划中被首次提出，明确要建立完善温室气体排放统计核算制度，逐步建立碳排放交易市场。2011年10月，国务院出台《关于开展碳排放权交易试点工作的通知》，提出在“两省五市”，即北京、上海、天津、重庆、广东、湖北和深圳，开展碳排放交易试点。2011年10月，碳排放权交易地方试点工作在北京、天津、上海、重庆、广东、湖北、深圳7个省、市启动。2013年起，7个试点碳市场陆续开始上线交易，覆盖了电力、钢铁、水泥20多个行业近3000家重点排放单位。2017年12月，中国碳排放交易体系正式启动，超过欧盟碳排放交易体系，成为全球最大的碳交易市场。2021年2月1日起《碳排放权交易管理办法（试行）》开始施行，标志着全国碳市场的正式运行。2021年7月16日，全国碳市场上线交易正式启动。纳入发电行业重点排放单位2162家，覆盖约45亿吨二氧化碳排放量。未来将逐步纳入石化、化工、建材、钢铁、有色、造纸、航空等行业的重点排放单位，并成为推动中国碳达峰碳中和目标实现的一个重要工具。

美国区域温室气体倡议（Regional Greenhouse Gas Initiative，简称

RGGI）是美国第一个强制温室气体减排的碳市场，主要针对美国东北部11个州的电力部门，包括康涅狄克州、特拉华州、缅因州、马里兰州、马萨诸塞州、新罕布什尔州、新泽西州、纽约州、罗德岛州、佛蒙特州和佛吉尼亚州。另外，宾西法尼亚洲也在2022年加入这一倡议。RGGI只针对25兆瓦以上的电力企业进行减排约束，涉及的温室气体只包括二氧化碳，覆盖该地区95%左右的电力排放。从2006—2008年基期到2016—2018年期间，RGGI发电源的年平均二氧化碳排放量下降了48%。RGGI目前已实施12年，经历4个发展阶段。未来10年，RGGI成员州将在2020年的基础上进一步减排30%，2030年配额上限下降到月6800万吨二氧化碳左右。

美国加利福尼亚州总量控制与交易体系（California's Cap-and-Trade Program，简称CCTP）发起于2012年，于2013年正式开始履约期，并于2014年与加拿大魁北克碳市场实现链接，于2018年与加拿大安大略省实现链接，为全球碳市场之间的国际合作做出了较好的示范。加利福尼亚州碳市场覆盖了该地区约80%的温室气体排放，涉及的减排部门主要有钢铁、水泥、制氢、玻璃、石油和天然气等大型工业设施，电力生产设施及与建筑、交通相关的部门。覆盖的温室气体种类包括《京都议定书》规定的六种温室气体：CO_2、CH_4、N_2O、SF_6、HFCs和PFCs，还包括NF_3和其他氟化物。在2017年加利福尼亚州立法机构将CCTP实施周期延长至2030年后，加利福尼亚州空气资源委员会再次对其做出修改，包括设置价格上限和更低的2030年排放配额。2021—2030年期间，CCTP的配额将以每年4%的速度由目前的月3.3亿吨二氧化碳当量下降至2亿吨二氧化碳当量。

韩国碳排放交易机制（Korea Emission Trading Scheme，简称K-ETS）于2015年1月正式启动，是东亚地区首个全国范围的总量控制与交易体系。韩国碳市场第一阶段为2015—2017年，第二阶段为2018—2020年，之后每五年为一个阶段，并且每一个阶段都会制订相应的政策规划和目标。韩国碳市场将为其实现2030年NDC减排承诺目标发挥重要的作用。韩国碳市场覆盖了约73.5%的全国排放，不仅囊括了《京都议定书》中的六种温室气体的直接排放，还包括电力消费的间接排放。K-ETS覆盖的行业包括热力与电力、工业、废弃物、建筑、交通下的62个子部门，企业的纳入门槛为12.5万吨二氧化碳以上，设施的门槛为2.5万吨二氧化碳以上。进入第三个实施阶段（2021—2025年），K-ETS的覆盖范围将纳入公共部门并进一步扩展至69个子部门，排放总量将在前三年保持5.89亿吨二氧化碳当量，后两年下降至5.67亿吨二氧化碳当量。

5.4.2 碳市场发展展望

碳市场之间的链接成为未来国际碳减排合作的一种可能趋势。温室气体减排行动不仅需要各个国家付出相应的努力，还需要国际间的减排合作以提升减排效率。随着全球各区域、国家的碳市场版图不断扩大，许多国家对实施碳市场链接这种合作形式表现出越来越大的兴趣。现实中多个司法管辖区正在就碳市场链接开展合作，国际碳市场上也已实现了多个不同类型链接的实例。挪威于2005年建立了国内碳排放交易体系，并与EU ETS建立了单向链接，即挪威的控排实体可以购买欧盟的排放配额，但是欧盟的控排实体不能反向购买挪威的排放配额，2007年挪威、冰岛和列支敦士登被纳入EU ETS。日本东京与埼玉县的碳排放交易体系于2011年实现了双向链接，两者具有类似的体系设计特点。美国加利福尼亚州总量控制与交易体系和与加拿大魁北克省的碳市场于2014年实现了双向链接，是目前国际上最成功的链接案例。在加利福尼亚州和魁北克省碳市场发展之初，就拟议最终链接各自的体系，双方从设计到执行都采用相似的政策与框架，并按照既定的计划完成了整合。2018年1月1日，加拿大安大略省总量控制与交易体系与加州-魁北克省碳市场建立了链接，形成了继中国和欧盟之后的全球第三大碳市场。瑞士于2017年底与欧盟签署了双方实现其碳市场双向链接的协议，2020年9月这一链接开始运行。澳大利亚在2012年也曾提出与欧盟实现双方碳市场的链接，原计划于2015年实现以澳大利亚作为买方的单向链接，于2018年实现欧盟和澳大利亚碳市场配额能够互换的双向链接。但是，澳大利亚在政府改组后于2014年废除了碳定价机制，双方的链接谈判也就此搁置。美国的RGGI也可被视作一个联合碳市场，预计未来几年将有更多的州加入。韩国和欧盟已有明确的建立国际碳市场的意愿；俄罗斯、东南亚地区、南非具有较为成熟的建立国内碳市场的条件，建立国内碳市场的可行性较大；中东和非洲建立国内碳市场的可行性较小。未来，不同地区碳市场之间的价格将逐步接近。

未来碳价将不断提升，各国差异明显，全球碳市场链接进程对碳价影响较大。在没有全球碳市场链接的情况下，各国为实现各自的NDC目标，进行独立的碳市场交易。各独立碳排放配额价格差距较大，总体来说，以2020年不变价计，到2030年，以欧盟、美国、加拿大等为代表的发达国家和地区的碳价格高于发展中国家碳价格，其碳价分别为160美元/吨、75美元/吨、和84美元/吨，而2030年中国碳价或可超过20美元/吨，从侧面反映了各国减排目标、减排能力及减排成本的差异性。如果全球碳市场实现链接，预计中国、印度、俄罗斯将面临碳价的全面提升，欧盟、美国、日本、韩国、加拿大等国家和地区碳价将呈全面下降趋势。

第6章 能源转型发展的效益与福祉

实现全球能源转型能源，标志着全球于2060年前建成低碳能源体系，并于21世纪下半叶全面实现能源净零排放，根本解决当前高排放、高污染、高度发达的工业文明同生态环境持续恶化之间的矛盾，形成可持续发展新格局，对经济发展、社会民生、生态环境将产生巨大协同效益。人与自然将实现和谐共生、良性循环，人类社会将开启尊崇自然、绿色发展的生态文明新征程。

6.1 投资与就业

能源转型拉动清洁能源投资占比不断扩大，化石能源投资达峰后下降。2018年，清洁能源投资占总能源投资的比例约为50%，到2023年该比例扩大至60%以上，主要投资领域包括可再生能源、核能、储能、清洁燃料等。均衡转型情景下，以2020年不变价计，到2030年、2060年，能源投资分别达到3.5万亿美元、5.2万亿美元，其中到2030年清洁能源投资占比达到68.9%，到2060年进一步增至95.8%。化石能源投资于2030年前达峰，到2060年降至0.2万亿美元（图6.1）。

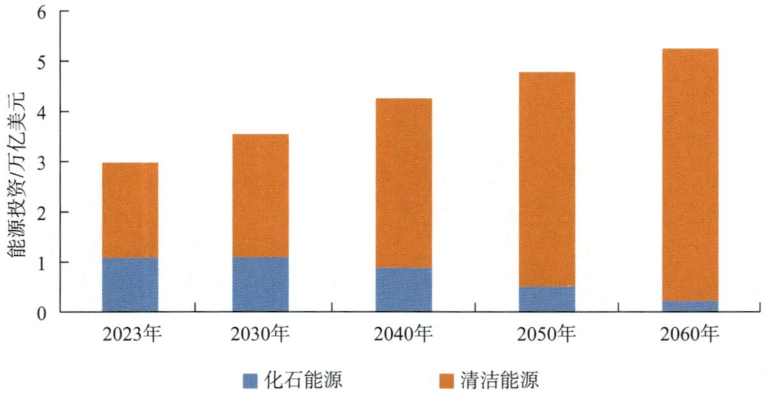

图6.1　均衡转型情景全球能源投资展望

专栏6.1 实现气候减缓与适应的基础设施投资需求

实现2℃温控目标全球可再生能源和电网年均投资需在现有基础上扩大1.5倍以上，但当前仍面临很大挑战。一是主要国家可再生能源发展差距大。全球可再生能源发电量占比需从2023年的30%增长到2050年的63%，年均增长1.2个百分点。其中，欧盟发展超前，2023年占比约为38%，增速已接近2个百分点；中国相对较好，2023年占比约为33%，增速超过1个百分点；美国和印度发展较慢，2023年仅约为22%，增速不足1个百分点。二是电力系统投资普遍不足。全球电力系统投资需从2022年的1.6万亿美元增长到2023—2052年的年均3.1万亿美元[1]。其中，电网需从每年0.3万亿美元增长到0.9万亿美元；光伏和风电需从每年近0.3万亿美元增长到0.8万亿美元；储能需从每年36亿美元增长到2000亿美元。

气候适应能力投资是全球基础设施投资的重要领域。2022年全球基础设施投资共计143万亿美元，温升2℃将使损失达到4.2万亿美元，温升6℃将使损失升至13.8万亿美元。为提升气候适应能力，2016—2040年全球需要至少94万亿美元用于基础设施更新升级，主要包括能源、建筑、信息、交通和防洪等领域，并提升不同基础设施系统之间的协作能力和整体韧性。

可再生能源发展创造更多就业岗位。2022年全球可再生能源行业就业人数已达1370万人，相较2012年的730万人大幅增加，几乎翻了一倍。其中，中国在可再生能源就业方面仍然处于领先地位，占全球总量

[1] 按照以温升不超调路径实现1.5℃温控目标计算。

的41%，其他主要贡献者包括巴西、欧盟、印度和美国。从行业来看，太阳能光伏是创造就业岗位最多的行业，提供了490万个就业岗位，水能和生物燃料各维持约250万个就业岗位，风力发电行业创造就业岗位140万个。到2030年，可再生能源行业就业岗位有望达到3800万个。

6.2 环境与健康

减少气候变化带来的系统性损失。综合考虑气候变化对农业、林业、能源等领域及生态系统、气候灾害、人类健康等领域的影响，在均衡转型情景或加速净零情景下，人类生命健康、粮食安全、水资源、生产生活、经济增长面临的气候风险将相较政策延续情景大幅降低，到21世纪末可累计避免经济损失127万亿~616万亿美元[1]，约相当于全球能源系统投资的1.1~7.5倍。

降低极端天气导致的灾害风险。实现能源转型，有效控制温室气体浓度能够避免气候变化对地球系统五大圈层形成全球性、系统性和灾难性影响，减缓气候变暖所导致的极端天气气候事件，降低干旱、洪涝、热带气旋（台风、飓风）、沙尘、寒潮与低温、高温与热浪等灾害时间发生的强度和频率，极端天气气候事件大幅减少。相比政策延续情景，到2050年能够避免约22万亿美元气候损失[2]。气候系统、地球

❶ 全球实现2℃和1.5℃温控目标的经济效益范围为127万亿~616万亿美元。Wei Y M, Han R, Wang C, et al. Self-preservation Strategy for Approaching Global Warming Targets in the Post-Paris Agreement Era, Nature Communications, 2020, 11（1）:1-13.

❷ Weitzman M L. What is the "damages function" for global warming-and what difference might it make?[J]. Climate Change Economics, 2010, 1（1）:57-69.

系统和人类系统总体风险将处于安全、可控、可逆水平，地球和人类得以避免气候环境危机。

推动改善空气污染，保障人类健康。化石能源燃烧造成大量空气污染，引起多种疾病和健康问题，其中细颗粒物（PM2.5）能够深入肺部并进入血液，对心血管、脑血管和呼吸系统造成影响。世界卫生组织（WHO）研究表明，PM2.5暴露已经被确定为一个重大的健康风险来源和公共卫生问题，影响超过90%的全球人口。降低PM2.5浓度暴露水平，对于保护公众健康意义重大。世界卫生组织于2021年颁布了新的全球空气质量指导值，建议了更加严格的空气质量管理目标，PM2.5年均浓度指导值为5微克/米^3，如果各国年均PM2.5浓度都达到该指导值浓度水平，世界范围内因PM2.5暴露而导致的早逝人数可以减少80%。均衡转型情景下，预计到2060年可减少约927万吨能源相关细颗粒物排放，相较2023年水平减少59.7%。此外，到2060年能源燃烧相关的二氧化硫、氮氧化物也将分别减少4357万吨和4590万吨，相较2023年水平分别减排63.4%、43.1%（图6.2）。

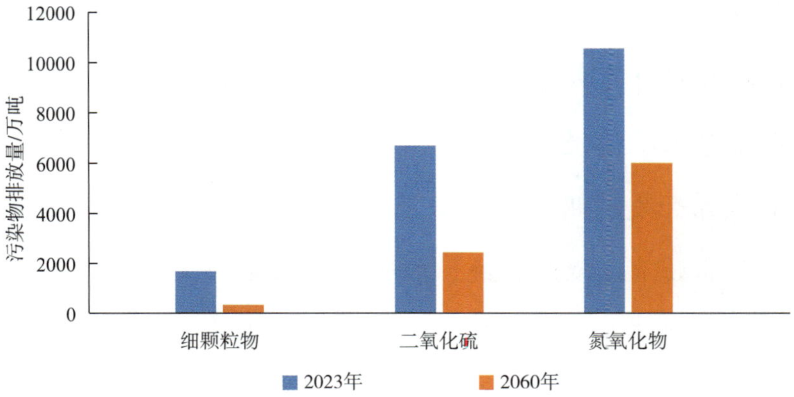

图6.2 均衡转型情景污染物排放量

专栏6.2 可再生能源开发治理土地荒漠化

全球荒漠化地区地域广袤、连片分布，清洁能源资源十分丰富，其地理位置、地貌特征和资源储量为基地化开发利用清洁能源创造了有利条件。以能源发展促进环境治理，因地制宜大规模开发利用荒漠化及周边地区的清洁能源，能够有效缓解、恢复荒漠化土地问题，为防治荒漠化提供了重要途径。

从经济效益看，荒漠化地区土地利用成本低，征地补偿费用小，能够显著降低发电成本，同时发展绿色立体经济，可以增加土地综合开发经济效益。在荒漠化地区集中式开发太阳能电站，与在林地、耕地、工矿用地等开发太阳能电站相比，土地利用成本可降低约80%甚至100%。同时，荒漠化地区风沙较大、位置偏远、水源短缺，与普通区域相比，荒漠化地区光伏电站的运行维护成本占总投资的比例将增加4%～5%。总体看，荒漠化地区光伏电站的总建设运维成本可减少约15%。

从环境效益看，大规模开发太阳能和风力发电基地，增加地表粗糙度和覆盖度，减缓地表风速，减少降水冲击和阳光直射，增加区域降水并有效降低土壤水分蒸发量，控制水力、风力和日照等因素对土壤的侵蚀作用。清洁能源开发利用基本不耗水，相比化石能源开发利用产生显著节水效益，在开发方案中配套集、蓄雨水和高效节水灌溉系统，能够充分收集降雨用于植被恢复和农业灌溉。利用电力基础设施的遮挡和支撑等作用，建设光伏治沙生态电站，能够发展绿色立体经济，充分利用土地资源，高效发挥各项措施治沙协同作用。

结　语

全球能源转型是一项规模宏大、复杂多维、影响深远的系统工程，它不只是能源开发利用方式的简单更替，而是涉及全球经济结构、社会生活、生态环境乃至国际政经格局、民众文化理念的深刻变革。因此，全球能源转型不可能一蹴而就，需要统筹兼顾能源与经济、安全与转型、近期与长期、政府与市场、发达国家与发展中国家等多重关系，并在此基础上进行系统谋划、通篇布局、践行落实。这就意味着在业界学界科学推动能源转型的基础上，各国要制定长期稳定的能源发展战略，加强能源监管和法规建设，为能源转型提供有力的政策保障。同时，还需要加强国际合作，推动全球气候与能源治理体系不断完善，共享技术成果，落实资金援助。能源行业、企业需要积极响应号召，明确转型目标与路径，加大清洁能源技术的研发和应用推广，助力产业转型升级。公众也需要从日常生活中做起，树立绿色转型的意识与理念，践行低碳生活方式，为能源转型贡献个人力量。

回顾过去，伴随着世界能源的不断发展革新，人类已建立起高度发达的现代文明，但也面临如何继续发展的问题与挑战。展望2060年，我们期待构建一个更加安全稳定、成本可负担、环境可持续的世界能源体系，为全球经济社会发展注入全新活力，塑造尊崇自然、绿色发展的可持续生态文明，构建人类命运共同体，推动人类文明迈向绿色、繁荣、和平、和谐、可持续的全新时代。

附录　能源消费数据汇总表[1]

全球

单位：亿吨标准煤

	基准年份数据	均衡转型情景				加速净零情景			
年份	2023	2030	2040	2050	2060	2030	2040	2050	2060
一次能源总量	222.4	250.1	266.6	262.3	252.5	239.1	239.8	228.9	217.3
煤炭	58.7	59.3	49.1	30.3	12.0	45.2	20.4	10.1	2.9
石油	64.6	66.6	61.1	50.8	38.7	59.6	43.0	20.5	10.8
天然气	53.0	58.7	59.7	56.5	51.5	54.7	46.3	23.8	11.1
水能	13.7	15.5	17.2	18.2	19.3	19.1	24.2	30.0	29.9
核能	10.2	12.0	14.6	17.1	19.5	11.0	14.0	17.0	18.8
非水可再生能源	22.2	38.0	64.9	89.4	111.5	49.5	91.9	127.5	143.8

亚洲与太平洋地区

单位：亿吨标准煤

	基准年份数据	均衡转型情景				加速净零情景			
年份	2023	2030	2040	2050	2060	2030	2040	2050	2060
一次能源总量	121.4	143.6	155.6	148.5	137.6	139.6	141.6	131.4	119.4
煤炭	48.3	50.4	43.1	26.4	9.1	39.7	18.3	8.7	2.5
石油	34.3	36.6	34.3	29.9	24.5	32.7	27.0	13.6	6.4
天然气	20.6	26.1	29.0	29.0	27.5	28.2	28.0	14.9	6.6
水能	5.9	7.2	8.3	8.7	9.1	8.7	10.7	14.0	14.2
核能	2.4	4.2	6.7	9.1	11.3	3.5	6.2	9.0	10.3
非水可再生能源	9.9	19.1	34.2	45.4	56.1	26.8	51.4	71.2	79.4

[1] 一次能源消费数据为发电煤耗法统计结果。

欧洲

单位：亿吨标准煤

	基准年份数据	均衡转型情景				加速净零情景			
年份	2023	2030	2040	2050	2060	2030	2040	2050	2060
一次能源总量	41.1	41.3	40.4	39.4	38.2	38.4	34.8	32.7	31.6
煤炭	5.0	3.9	1.9	0.8	0.3	1.9	0.7	0.5	0.1
石油	10.4	9.7	8.1	5.5	2.8	8.2	4.7	1.8	0.9
天然气	14.0	13.1	11.5	9.8	8.5	11.3	7.5	3.0	1.7
水能	2.7	2.9	3.2	3.5	3.7	3.3	4.0	4.7	4.6
核能	4.3	4.3	4.4	4.4	4.5	3.6	3.1	2.5	2.5
非水可再生能源	4.7	7.4	11.3	15.4	18.4	10.1	14.8	20.2	21.8

非洲

单位：亿吨标准煤

	基准年份数据	均衡转型情景				加速净零情景			
年份	2023	2030	2040	2050	2060	2030	2040	2050	2060
一次能源总量	9.0	12.0	15.6	18.4	20.5	11.7	15.1	17.9	19.9
煤炭	1.5	1.9	2.5	2.4	2.3	1.2	0.8	0.6	0.2
石油	3.0	3.8	4.2	4.2	3.7	3.2	3.2	2.6	1.9
天然气	2.3	2.9	3.1	3.0	2.9	2.6	2.5	2.0	1.2
水能	0.5	0.7	0.9	1.2	1.4	1.1	2.4	3.5	3.5
核能	0.0	0.0	0.1	0.1	0.1	0.1	0.2	0.6	1.1
非水可再生能源	1.7	2.7	4.8	7.5	10.1	3.5	6.0	8.6	12.0

北美洲

单位：亿吨标准煤

	基准年份数据	均衡转型情景				加速净零情景			
年份	2023	2030	2040	2050	2060	2030	2040	2050	2060
一次能源总量	40.4	41.7	41.9	41.6	41.3	39.0	35.5	33.0	32.0
煤炭	3.5	2.8	1.3	0.5	0.3	2.1	0.5	0.2	0.1
石油	13.0	12.6	11.1	8.5	5.6	9.8	5.6	1.4	1.0
天然气	14.0	13.9	13.3	12.1	10.8	10.4	7.6	3.4	1.4
水能	2.3	2.2	2.2	2.2	2.3	3.0	3.3	3.6	3.4
核能	3.3	3.4	3.4	3.4	3.5	3.6	4.1	4.4	4.5
非水可再生能源	4.3	6.8	10.6	14.9	18.8	10.1	14.4	20.0	21.6

中南美洲

单位：亿吨标准煤

	基准年份数据	均衡转型情景				加速净零情景			
年份	2023	2030	2040	2050	2060	2030	2040	2050	2060
一次能源总量	10.4	11.5	13.0	14.3	15.0	11.4	12.6	13.9	14.4
煤炭	0.4	0.3	0.2	0.1	0.1	0.1	0.0	0.0	0.0
石油	3.9	3.8	3.5	2.8	2.0	3.1	2.1	1.1	0.6
天然气	2.1	2.7	2.8	2.5	1.9	2.2	1.0	0.6	0.3
水能	2.3	2.5	2.5	2.6	2.8	3.0	3.8	4.3	4.1
核能	0.1	0.1	0.1	0.2	0.2	0.2	0.3	0.4	0.4
非水可再生能源	1.6	2.1	3.9	6.1	8.0	2.8	5.4	7.5	9.0

参考文献

[1] 中国石化集团经济技术研究院有限公司.中国能源展望2060[M].北京:中国石化出版社,2022.

[2] 中国石化集团经济技术研究院有限公司.中国氢能产业展望报告[M].北京:中国经济出版社,中国石化出版社,2023.

[3] 张希良,张达,余润心.中国特色全国碳市场设计理论与实践[J].管理世界,37(8):80–94,2021.

[4] 翁玉艳,张希良,何建坤,等.全球碳市场链接对实现国家自主贡献减排目标的影响分析[J].全球能源互联网,2023,3(1):27–33.

[5] 马永生.加快CCUS产业链发展[J].科技创新与品牌,2022,(03):24.

[6] 李阳,黄文欢,金勇,等.双碳愿景下中国石化不同油藏类型CO_2驱提高采收率技术发展与应用[J].油气藏评价与开发,2021,11(6):793–804.

[7] 刘合,陶嘉平,孟思炜等.页岩油藏CO_2提高采收率技术现状及展望[J].中国石油勘探,2022,27(1):127–134.

[8] 全球能源互联网发展合作组织成果——全球及各洲能源互联网研究与展望系列报告[J].全球能源互联网,2020,3(02):100–101.

[9] 全球能源互联网发展合作组织.全球碳中和之路[M].北京:中国电力出版社,2021.

[10] 邹才能，赵群，张国生，等.能源革命：从化石能源到新能源[J].天然气工业，2016，36(01)：1–10.

[11] 邹才能，马锋，潘松圻，等.世界能源转型革命与绿色智慧能源体系内涵及路径[J].石油勘探与开发，2023，50(03)：633–647.

[12] 刘之琳，李江涛，唐伟，等.基于情景设置的全球能源发展趋势分析[J].中国煤炭，2022，48(03)：15–22.

[13] UNEP. Emission Gap Report 2023 [R]. Nairobi: UNEP, 2023.

[14] Tao Y, You S, Zhu J, et al. Energy, climate, and environmental sustainability of trend toward occupational-dependent hybrid work: Overview, research challenges, and outlook[J].Journal of Cleaner Production, 2024, 442141083–.

[15] 李卓航.清洁能源相关产业成全球经济增长新引擎[N].中国石油报，2024–05–21(007).

[16] 李慧，涂家豪，郭丕斌.社会–技术景观驱动能源系统低碳转型机理研究[J].软科学，2023，37(12)：57–64.

[17] 戴宝华，王德亮，曹勇，等.2023年中国能源行业回顾及2024年展望[J].当代石油石化，2024，32(01)：1–7.

[18] 汪鹏.欧洲能源两年巨变[J].中国石油和化工产业观察，2024，(03)：89–90.

[19] 张庆辰，仇玄，张迪.国际原油市场2023年回顾和2024年展望[J].油气与新能源，2024，36(02)：18–24.

[20] 刘殊呈，粟科华，李伟，等.油气上游业务温室气体排放现状与碳中和路径分析[J].国际石油经济，2021，29(11)：22–33.

[21] 余晖迪，张琳，赵永明，等.油气行业可再生能源制氢技术进展与

前景展望[J].石油科技论坛,2024,43(01):40–49.
[22] 孙艺心,段宏波.《巴黎协定》温控目标下石油的角色与转型路径[J].世界石油工业,2024,31(02):11–22.
[23] 王铃.到2030年印度将成为全球最大的石油需求增长驱动力[J].石油炼制与化工,2024,55(05):171.
[24] 黄京菁,陈智华,陆世亮.中亚区域能源转型路径及对策[J].中国财政,2023,(14):82–84.
[25] 刘先云,高卫涛.国际油价暴跌,可再生能源发展或将放缓[J].中国石化,2020,(04):36–37.
[26] 严俊,沙宇恒,张月,等.面向新能源消纳的关键储能技术研究综述[J].能源与环保,2024,46(05):202–209.
[27] 吴丽丽,李泽,冯连勇,等.美国制裁对北极2号及俄罗斯天然气战略的影响[J].国际石油经济,2024,32(04):62–68.
[28] 忻华.多重危机冲击下欧洲经济困境及其应对策略[J].人民论坛,2024,(10):105–109.
[29] 余国,张鹏程,高慧,等.能源体系建设进入韧性时代——2023年《全球能源安全报告》主要观点[J].国际石油经济,2024,32(04):1–11.
[30] U. S. Power Industry Outlook 2024 [J].Turbomachinery International,2023.
[31] Dutra D S, Maria E C, Cl á udio B, et al.Outlook on the Brazilian scenario of floating photovoltaic solar energy[J].Energy Reports,2023,104429–4435.
[32] 陈瑜.欧洲天然气市场暗流涌动[J].中国石油企业,2024,(04):

32.
[33] 陈新，杨成玉.欧洲能源转型的动因、实施路径和前景[J].欧亚经济，2022，(04)：55–74+126.
[34] 匡舒啸，张锐.欧盟对非能源政策：最新动态、逻辑动因与影响[J].教学与研究，2023，(07)：60–70.
[35] 陈波，孙霞.北欧国家能源转型的实施路径与经验探究[J].国际石油经济，2023，31(12)：40–50.
[36] 张锐，寇静娜.美国重塑清洁能源供应链的全球战略及其影响[J].亚太经济，2024，(03)：96–106.
[37] 魏超.德国政府能源转型的目标、路径及思考[J].中国能源，2022，44(10)：71–77.
[38] 赵霞，郭亚宁.欧美关键矿产战略布局及影响研究[J].情报杂志，2024，43(04)：54–59.
[39] 闫枫，张欣哲，张晗旭，等.非洲可再生能源投资市场潜力可期[J].环境经济，2023，(02)：56–61.
[40] 梁嘉文，李栎星，洪惠文，等.不依赖化石能源非洲如何实现脱贫与发展？[J].可持续发展经济导刊，2022，(07)：57–59.
[41] 罗大清，刘潇潇，孔欣怡，等.2023年天然气市场回顾与2024年展望[J].当代石油石化，2024，32(03)：1–7+25.
[42] 王能全.美国天然气出口策略日益灵活[J].中国石化，2024，(03)：56–58.
[43] 周游，张佳佳，张良恺，等.2024年国际天然气市场分析与趋势预测[J].北京理工大学学报(社会科学版)，2024，26(02)：76–83.
[44] Sahoo M, Kaushik S, Gupta M, et al.EVs and renewables：Navigating

future sustainability with symmetry and asymmetry[J].Transportation Research Part D, 2024, 132104233-.

[45] 薛振乾，谢祥，马浩铭，等.CO_2捕集、利用和封存在能源行业的应用：全球案例分析和启示[J].大庆石油地质与开发，2024，43(1)：14-21.

[46] 桑树勋，华凯敏，屠坤坤，等.生物质能高效利用与二氧化碳捕集利用封存耦合技术体系(BECCS)的发展方向与研究进展[J].中国矿业大学学报，2023，52(05)：845-867.

[47] Geipel-Kern A.全球氢能技术发展现状及未来展望[J].流程工业，2024，(05)：26-29+31.

[48] 赵波，林达，陈哲，等.面向新能源消纳的长短周期混合储能关键技术及展望[J].新型电力系统，2024，2(02)：162-178.

[49] 周亚敏.全球能源转型中的关键矿物供应链：格局、趋势与展望[J].财经智库，2023，8(04)：125-138+148.

[50] 徐志华.新能源在船舶上的应用现状及展望[J].船舶物资与市场，2024，32(04)：99-101.

[51] 赵万清.可再生能源技术在建筑行业中的应用[J].太阳能学报，2024，45(05)：613.

[52] 李加方.新能源光伏发电助力建筑电气节能减排探讨[J].工程建设与设计，2024，(08)：37-39.

[53] 俞立严.欧盟拟对中国电动车加征关税中外车企巨头纷纷发声反对[N].上海证券报，2024-06-14(005).

[54] 赵子旺.欧美放弃电动化了吗?[N].新能源汽车报，2024-06-10(012).

[55] 吴谋远，汪辉，张鹏程，等.2023年全球能源行业发展特点与未来展望[J].石油科技论坛，2024，43(02)：15-21.

[56] 吴宁."一带一路"背景下中国与沙特阿拉伯能源合作的基础、现状与展望[J].中阿科技论坛(中英文)，2024，(04)：10-14.

[57] 周俊邦.俄乌冲突下俄罗斯能源转型挑战与困境[J].对外经贸实务，2023，(09)：47-55.

[58] 别如山，兰祯.生物质能应用技术现状及发展趋势(续)[J].工业锅炉，2023，(06)：1-6.

[59] 向勇，侯力，杜猛，等.中国CCUS-EOR技术研究进展及发展前景[J].油气地质与采收率，2023，30(2)：1-17.

[60] 舟丹.能源转型中发挥好石油和天然气的作用[J].中外能源，2022，27(04)：50.

[61] 李丹阳，陈文颖.碳中和目标下全球交通能源转型路径[J].气候变化研究进展，2023，19(02)：203-212.

[62] Equinor. Energy perspectives 2019：Long-term macro and market outlook[R]. Stavanger：Equinor，2019.

[63] Pulkkinen J, Louis N J, Debusschere V, et al. Near-, medium- and long-term impacts of climate change on the thermal energy consumption of buildings in Finland under RCP climate scenarios[J]. Energy, 2024, 302131636-.

[64] Krogh A, Junginger M, Shen L, et al.Climate change impacts of bioenergy technologies：A comparative consequential LCA of sustainable fuels production with CCUS[J].The Science of the total environment，2024，173660-173660.

［65］ IEA.Energy technology perspectives 2023［R］.Paris：IEA，2023.

［66］ IEA.World Energy Outlook 2024［R］.Paris：IEA，2024.

［67］ IEA.Global Hydrogen Review 2024［R］.Paris：IEA，2024.

［68］ 曲建升，陈伟，曾静静，等.国际碳中和战略行动与科技布局分析及对我国的启示建议［J］.中国科学院院刊，2022，37(04):444–458.

［69］ 刘斌.CCUS–EOR项目经济评价技术与发展方向［J］.石油科技论坛，2023，42(2)：57–66.

［70］ 王高峰，廖广志，李宏斌，等.CO_2驱气机理与提高采收率评价模型［J］.油气藏评价与开发，2022，12(05)：734–740.

［71］ EIA. Annual Energy Outlook 2023［R］.Wanshington：EIA，2023.

［72］ 黄程，霍丽如，吴辰泓.基于非常规油气开发的CO_2资源化利用技术进展及前景［J］.非常规油气，2022，9(1)：1–9.

［73］ 王子强，葛洪魁，郭慧英，等.准噶尔盆地吉木萨尔页岩油不同温压CO_2吞吐下可动性实验研究［J］.石油实验地质，2022，44(6)：1092–1099.

［74］ 雷梦，屈亚光，万翠蓉，等.CO_2辅助重力驱油开发效果影响因素分析［J］.特种油气藏，2022，29(6)：133–140.

［75］ 李岩，张药，樊晓伊，等.低渗透砂砾岩油藏二氧化碳驱提高采收率［J］.新疆石油地质，2022，43(1)：59–65.

［76］ 高志豪，赵锐锐，成建梅.砂岩含水层CO_2封存中考虑盐沉淀反馈作用的数值模拟：以鄂尔多斯盆地为例［J］.地质科技通报，2022，41(1)：269–277.

［77］ 郭肖，冯金，王鹏鲲，等.碳酸盐岩气藏注CO_2埋存及提高采收率机理研究进展［J］.断块油气田，2023，30(6)：888–894.

[78] 陈欢庆. CO_2驱油与埋存技术新进展[J]. 油气地质与采收率, 2023, 30(2): 18–26.

[79] 蒋佳妮, 邵逸飞. 国际碳排放权交易模式的更替发展与协同优化路径[J]. 中国环境管理, 15(4): 26–34, 2023.

[80] 伍浩松, 张焰. 加拿大积极支持核能发展[J]. 国外核新闻, 2024, (05): 5.

[81] 伍浩松, 张焰. 七国集团将合作促进核能发展推动聚变能研发[J]. 国外核新闻, 2024, (05): 1.

[82] 刘晓非. 法国应对欧盟能源危机的双重倾向[J]. 外语学刊, 2024, (03): 99–106.

[83] 孙一凡. 法国放弃可再生能源目标[J]. 能源, 2024, (03): 63–66.

[84] 李禾. 生物质液体燃料: 迈向规模化应用[N]. 科技日报, 2024-04-19(005).DOI:10.28502/n.cnki.nkjrb.2024.002313.

[85] 渠沛然. 生物质能期待"非电蝶变"[N]. 中国能源报, 2024-03-18(007).

[86] Chen X, Zhang H, Zhao X X, et al.Do renewable energy investment and financial development mitigate climate change?[J]. Journal of Asian Economics, 2024, 93101749-.

[87] 全球能源监测, 繁荣与衰落——追踪全球燃煤电厂开发2023[R], Global Energy Monitor, 2023.

[88] GCCSI, Bioenergy and Carbon Capture and Storage[R], Sydney: Global CCS Institute, 2019.

[89] 王利兵, 张赟, 郑炜, 等. 化石能源非能利用需求和碳排放研究[J]. 全球能源互联网, 2023, 6(06): 577–587.

[90] Wu T, Zhao H, Ou X.Vehicle Ownership Analysis Based on GDP per Capita in China: 1963–2050 [J]. Sustainability, 2014, 6: 4877–4899.

[91] Wei Y M, Han R, Wang C, et al.Self–preservation Strategy for Approaching Global Warming Targets in the Post–Paris Agreement Era [J]. Nature Communications, 2020, 11(1): 1–13.

[92] Weitzman M L. What is the "damages function" for global warming–and what difference might it make? [J]. Climate Change Economics, 2010, 1(1): 57–69.